麦肯锡工作法

好的工作方法是设计出来的

マッキンゼーで当たり
前にやっている働き方デザイン

[日] **大岛祥誉** / 著　李钰婧 / 译

北京时代华文书局

图书在版编目（CIP）数据

麦肯锡工作法：好的工作方法是设计出来的 ／（日）大岛祥誉著 ；李钰婧译. — 北京 ：北京时代华文书局,2021.5（2023.6重印）

ISBN 978-7-5699-4133-3

Ⅰ.①麦… Ⅱ.①大…②李… Ⅲ.①工作方法 Ⅳ.①B026

中国版本图书馆 CIP 数据核字（2021）第 075398 号
北京市版权局著作权合同登记号　图字：01-2019-4222 号

McKinsey de Atarimae ni Yatteiru Hatarakikata Design by Sachiyo Oshima
Copyright © 2018 Sachiyo Oshima
Simplified Chinese translation copyright ©2021,
Beijing Time-Chinese Publishing House Co., Ltd.
All rights reserved
Original Japanese edition published by JMA MANAGEMENT CENTER INC.
Simplified Chinese translation rights arranged with JMA MANAGEMENT CENTER INC.
through HANHE INTERNATIONAL(HK) CO., LTD.

麦肯锡工作法：好的工作方法是设计出来的
MAIKENXI GONGZUO FA HAO DE GONGZUO FANGFA SHI SHEJI CHULAI DE

著　者｜[日]大岛祥誉
译　者｜李钰婧

出 版 人｜陈　涛
责任编辑｜余　玲
执行编辑｜余荣才
责任校对｜凤宝莲
装帧设计｜元明·设计领域 赵芝英
责任印制｜訾　敬

出版发行｜北京时代华文书局 http://www.bjsdsj.com.cn
　　　　　北京市东城区安定门外大街 138 号皇城国际大厦 A 座 8 楼
　　　　　邮编：100011　电话：010-64267955　64267677

印　　刷｜三河市兴博印务有限公司　0316-5166530
　　　　　（如发现印装质量问题，请与印刷厂联系调换）

开　　本｜880mm×1230mm　1/32　印　张｜6　字　数｜125 千字
版　　次｜2021 年 7 月第 1 版　　印　次｜2023 年 6 月第 3 次印刷
书　　号｜ISBN 978-7-5699-4133-3
定　　价｜45.00 元

版权所有，侵权必究

序言

"工作法3.0"时代到来了!

"辞去麦肯锡公司的工作,成为音乐家!"

我有一位令人尊敬的前辈,他在工作上不断取得可喜的成绩,但竟然在某一天放弃了在麦肯锡公司的那份令人羡慕的工作,转而成为一名音乐家。这件事给了我很大的冲击。那时我刚刚步入职场,觉得能在麦肯锡这样的专业公司工作是一件非常有意义的事,所以我完全不能理解这位前辈的想法。

"为什么要辞去麦肯锡公司的工作呢?"我不禁问道。

他回答我说:"因为我想做自己喜欢的事。"

之后,作为一名自由职业顾问,这位前辈在外资企业进入日本市场、大企业的商品开发、大财团的事业规划等领域大显身手的同时,也作为一名专门拍摄猫的摄影师出版了影集,完美实现了商业咨询与艺术活动的兼顾。

我看着前辈为追求自己喜欢的事而忙活的样子,再加上后来有与麦肯锡人一起工作的经历,我开始确信,前辈能工作、生活两不误是理所当然的事。而这就是我第一次亲眼见证"以工作为人生"(Work as Life),而非"平衡生活与工作"(Work Life Balance)。

多数麦肯锡人在认真完成顾问工作的同时,从一开始就会围绕自己喜欢的事,对工作方法和生活方式进行战略性设计,他们认为这是理所当然的。

当他们在组织中创造出价值,并得到人们的认同后,就会有很多人为了追求自己喜欢的事:或选择脱离组织单飞,或选择不被组织束缚、自由自在地活跃于多个领域中;既享受工作,也享受人生,实现安居乐业。

他们"喜欢的事"并不局限于经营顾问领域。从上市公司的经营、教育和社会创业到医疗、政治等领域,从大学教授、音乐家、经济记者到娱乐艺人,他们涉足多种行业,扮演着各种角色,积累了各式各样的经验。并且,他们中的很多人都成为在各自领域中备受关注的人物。

现在,我们试着摸索新的工作法。"平衡生活与工作"这个说法已经被提出很多年了。它是指该工作时认真工作,该休息时好好休息,并且留出足够的休闲时光和陪伴家人的时间。这种工作法固然十分理想,但真正实现的人究竟又有多少呢?

此外,还有一个关键词叫"工作法改革",它已成为举国为之努力的目标,甚至上升到了实现这个目标就是实现企业对社会的责任这一高度。但实际采取的措施只有"无加班日""网上办公""高度专业制"等,这些不过都是为了减少办公时间的方法论。工作量明明没有变化,只有工作时间在减少。在这样的现状中,我们应该如何选择未来的工作法呢?

迎来人类平均寿命延长的"100年人生时代",在60岁退休后,剩余的40年也继续领着养老金、过着悠闲的生活,这样的未来已经不会到来了。养老金的支付年龄也在不断提高,从65岁到70岁,再到75岁。将来你即使到了80岁,也要在健康的时候继续以某种形式参与社会,而这将被视为理所当然。

为了应对这个"大致确定的将来",我们现在必须战略性地设计"工作法"。那便是我在麦肯锡公司任职期间确信的理所当然的工作法。

在离开麦肯锡公司之后,我曾作为人才战略顾问为包括我本人在内的很多人设计了工作法。在这里,我想稍微谈一下我所经历过的职业、工作法,以及遇到的人。

20多岁时,我曾在麦肯锡、华信惠悦(Watson Wyatt)等外资咨询公司、日系智囊顾问公司——三和综合研究所(现三菱UFJ研究及咨询公司)等做过经营战略及人才管理的顾问工作。到了30多岁,我作为组织战略、人才开发方面的顾问,成立了自己的"千手人类设计工作公司"(Senju Human Design Works)。值得欣慰的是,从成立公司以来的近20年中,我已经为包括上市企业经营者在内的超过100名行政经理提供了针对性培训与冥想的指导，从大型企业到风险企业，我为客户提供了2000次以上的团队建设培训。

我从20多岁时便开始冥想训练，并不断深入研究，后来成了冥想教练。在顾问工作和针对性训练中，指导对方进行冥想的机会也增加了。

通过冥想，身心会变得沉稳，思维会变得清晰，注意力也会提高。于是事情便可顺利进展。

对于很多经营者和商业人士，指导他们的冥想和休息法，可以帮助他们提高处事水准。我自己非常喜爱的冥想成了工作，能达到从"战略思考×人才开发顾问×冥想"的综合视角进行工作了。

本书所谈的"工作法设计"，就是探求麦肯锡人理所当然的"以工作为人生"理念，并在现实中实行这一理念。

"以工作为人生"是无论何时何地、无论做什么工作，都能使自己的人生更加充实，切实感受到幸福的工作法。

以自己喜欢的事为中心，按照自己喜欢的方式去工作，便能获得自己想要的成果。如此一来，工作的压力便不会很大，自己也不会像"平衡生活与工作"那样苦恼于工作时间与私人时间之间的平衡问题。

基于以上我的个人经验，我按照以下三个阶段对如何优化工作法、如何明确具体地设计人生与职业提出了假设。

工作法的三个步骤

	步骤1 工作法1.0（组织）	步骤2 工作法2.0（自立）	步骤3 工作法3.0（共存）
战略	・在组织中提高自己	・寻找自己擅长的领域，使之成为有用的形式（能赚钱的形式）； ・深入挖掘、扩大擅长领域	・给予、帮助他人 ・建立人际联系
收入	以时间为基础	以成果为基础	以提升、贡献为基础
对工作的理解	锤炼自己的手段	自我实现、自我表现的手段	追求自己"喜欢的事"
建立联系	与组织内的成员	与自己擅长领域的人	与"喜欢的事"领域的人

上图中我将所研究的领域用了三个阶段来表示，这就是实际的"工作法设计"（正文中会通过第30页的图，进行详细的解说）。

步骤1～3并没有优劣之分，但一般来说不管做什么工作，都会遵循1→2→3的顺序。随着步骤的推进，自己能够完成的事、想做的事都会增加，并且能够实现。如果自己身体健康，就可以不在意退休年龄，可以继续和很多同事一起工作。

我的"工作法设计"

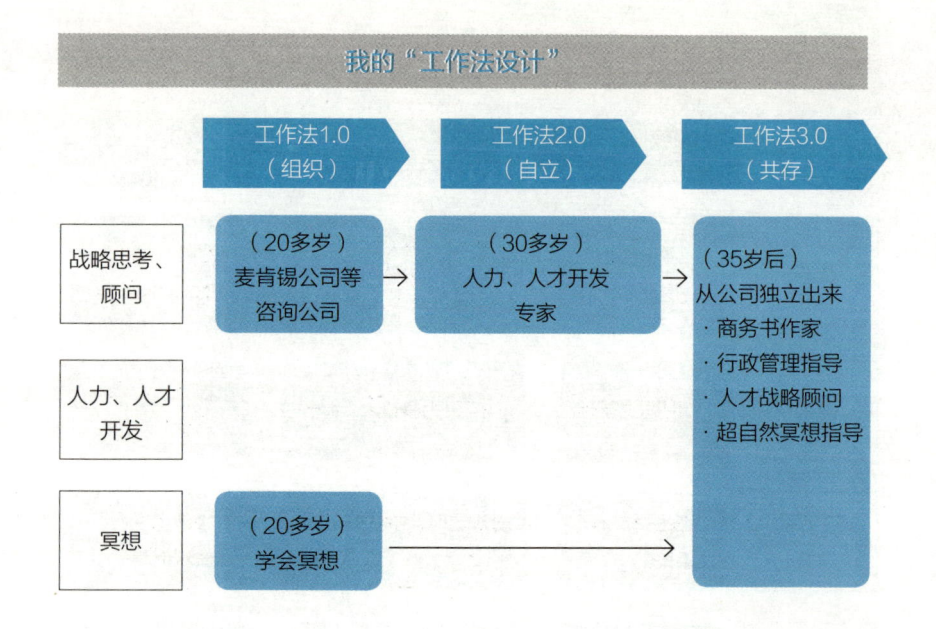

	工作法1.0 （组织）	工作法2.0 （自立）	工作法3.0 （共存）
战略思考、顾问	（20多岁） 麦肯锡公司等咨询公司	（30多岁） 人力、人才开发专家	（35岁后） 从公司独立出来 ·商务书作家 ·行政管理指导 ·人才战略顾问 ·超自然冥想指导
人力、人才开发			
冥想	（20多岁） 学会冥想		

回顾我自己的经历，其实也是按照这个顺序来优化的。所以，现在我把"喜欢的事"当成工作，每天快乐地投入其中，并且有着即使到了七八十岁也能继续参与社会活动的自信。

本书主要针对的对象是对将来的工作和工作法感到不安，担心今后某一天会失去自己的位置，并时常感到不安和孤独的二三十岁的商业人士。

但是，正如后文所写，从"现在、马上"开始是最重要的。所以即使你是四五十岁，无论做着什么样的工作，我认为本书的思考方法都会对你有帮助。本书的章节构成如下：

第一章对日本的现状进行分析。对"工作法改革"的社会形势，以及在人工智能开始兴起的时代生活的心理准备等进行思考。

第二章阐述什么是"工作法战略的设计"，以及应当如何设计工作法。关于工作法的详细解说，以及不同年龄层的战略制定、如何运用到工作与事业中去等都将在本章进行具体说明。

第三章的主要内容为"实现工作法战略必须掌握的10种能力"。针对实现今后50年的顺利生活而必须掌握的技能及其学习方法进行讲解。

第四章的内容为实现自己的"工作法战略"时的心理准备及行动。无法实行的战略是没有意义的，本章对将战略落实到日常行动中的技巧进行介绍。

最后是第五章，介绍如何提升自己和工作法。无论今后进入怎样的时代，都能从容应对、继续前进的方法，以及如何成为无论到了多大年纪都能够继续提升自己、即使时代发生变化也完全不会受影响的"稳如泰山"的人。

衷心希望本书介绍的"改善工作法的步骤"能对你的职业、工作法，以及"以工作为人生"理念的实现有些许助益。

目录
CONTENTS

| 第一章 |

麦肯锡人无论何时何地都能设计工作法

不设计工作法就会被淘汰的时代 / 003

得了癌症才意识到"自己究竟想做什么" / 006

丝毫不会后悔的生活方式真的存在 / 008

思考"以工作为人生":以工作为人生的时代 / 010

不被人工智能取代的"工作法设计" / 012

决定自己工作法的四个问题 / 015

"生活方式"将直接变成工作 / 019

你是否能感觉到自己的人生意义? / 022

| 第二章 |

工作法战略的设计

每个人都可以自由设计工作法 / 027

设计工作法有三个步骤 / 029

公司职员也能实现的"工作法3.0" / 035

试试"穿别人的鞋子" / 040

通过"复业"实现自己的多面性 / 043

通过反复扩展与收缩实现"工作法3.0" / 046

越厉害的人越会用"情感"来思考 / 048

一切都是从跟随"直觉"开始的 / 050

二十几岁的年轻人从日常工作中积累扎实基础 / 053

各年龄段的工作法战略 / 055

根据"幸福度"来衡量工作 / 057

"战略性"地明确不想做的事 / 062

目录

在麦肯锡公司学到的价值思考 / 066

通过"蓝海战略"实现指名聘用 / 068

普通人活用专家的时代 / 072

"不知道的事"去"问知道的人",是一种战略 / 074

向冰淇淋达人学习,把兴趣转化为金钱的方法 / 076

存在公司以外的团体吗? / 079

| 第三章 |
实现工作法战略必须掌握的10种能力

新精英所拥有的"对周围人也有助益的力量" / 085

领导者与跟随者并无优劣 / 088

"工作法设计"的10种能力 / 089

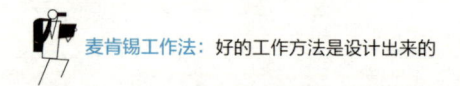

| 第四章 |

加速工作法设计的思考与行动

尽早着手,尽早失败 / 113

"逻辑"可以克服失败和不安 / 116

消除等级思维 / 122

不被"擅长但不喜欢的事"牵着鼻子走 / 125

逻辑会成为迷茫时的武器 / 128

不再"等有一天",要从"现在"做起 / 131

新干线女孩的"不忍受"工作技巧 / 133

解放束缚 / 135

真正的顾客主义会提升你的价值 / 138

向"差不多就行了"的街边小酒馆学习 / 140

刨根问底后会看到你不知道的新世界 / 143

心无杂念与纯粹是无敌的 / 146

| 第五章 |

不断改进工作法设计

83岁仍活跃在一线的程序员——若宫正子 / 151

拿10%进行自我投资 / 154

即将到来的社会,"透明度"高的人会更受欢迎 / 157

感动将变成奖励 / 160

今后,"生活质量"将受到考验 / 163

清空自己后,将拥有无限的时间 / 165

清除多余信息,让大脑"留白" / 167

结语 / 170

| 第 一 章 |

麦肯锡人
无论何时何地都能
设计工作法

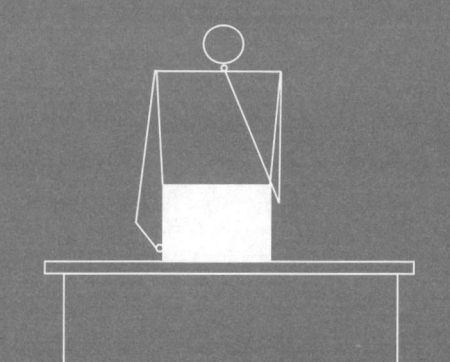

不设计工作法就会被淘汰的时代

社会上的人一般会认为，麦肯锡公司是一家在工作上很生硬死板的公司，但事实并非如此。我个人认为，麦肯锡人在做着非常伟大的工作的同时，也在如孩童一般追求着自己喜欢的事。

正如本书"序言"部分所介绍的那样，多数的麦肯锡人从一开始就会围绕着自己喜欢的事，对工作法和生活方式进行战略性设计，他们认为这是顺理成章的。

当自身在组织中的价值得到人们的认同后，很多人会选择脱离组织，"单飞"出来自主创业；也有很多人会选择不被组织束缚，在多个领域中自由自在地去做自己想做的事，秉承"以工作为人生"的理念，既享受工作，也享受人生，实现安居乐业。

他们"喜欢的事"并不局限于经营顾问领域，从上市公司的经营、教育和参与社会创业到医疗、政治等领域，从大学教授、音乐家、经济记者到娱乐艺人，他们涉足多种行业。有的人按照规划好的人生蓝图走向精英之路，并被事业公司雇用；有的人一边从事自由艺术活动，一边担任行政长官的智囊顾问；也有人在发生自然灾害的地区成立了NPO（非营利组织），他们的的确确是非常自由地从事着自己喜欢的事务。

无论是身处组织当中，还是脱离组织"单飞"，麦肯锡人都能以自我喜欢的事为中心，游刃有余地完成自己想做的事情。没有人强制要求他们怎样去做，而是由他们自己设计出工作法。他们为什么可以这样呢？

若要直截了当地回答，那就是："虽然他们不断锻炼着各种满足社会需要的技巧，比如咨询技巧，但他们并不会被常识束缚，而是彻彻底底地以自我为中心，追求着工作和生活。"

初入公司的麦肯锡人，会经常接受各种各样的技能训练，包括有价值的思考、调整看待事物的态度和习惯，以及对无法判断未来走向的状况、没有正确答案的问题等提出自己的假设和答案。

"问题的关键是什么？""没有其他可能性了吗？"等等，他们经常这样去探究问题的关键点，养成用头脑进行思考的习惯。只有这样，才能做好自己想做的事，并得到一个好的结果，这是不可或缺的因素。将这样的思考能力运用于自己的生活当中后，便可彻底剖析"自己真正想做的事情是什么""自己真正的强项是

第一章 麦肯锡公司人无论何时何地都能设计工作法

什么"。

这种技能放之四海皆可以使用。所以麦肯锡人无论身处何地、从事何种行业，都能设计出自己的工作法。他们不会被社会和环境的变化影响，能够享受自己喜爱的工作和生活。

所谓"设计工作法"，换句话说，其实就是为了享受人生而进行的设计。

有的人虽然在工作上做出了成绩，但自己的人生并不快乐，比如在工作上达到理想状态有些吃力。对此，他至少应该享受一下个人生活。如果能够成为自己的人生和工作的主宰，从而设计工作法，那么这些想法都不再需要了。

很多人认为，"工作法改革"等于"只是增加了个人负担和不满"。现实情况是，它将让人一边享受人生的全部，一边将"工作"自然地融入其中。

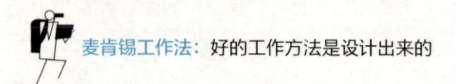

得了癌症才意识到"自己究竟想做什么"

我之所以想通过本书告诉大家"工作法设计"的必要性和方法,其实还有一个理由。它就是,我已患上了癌症。

我患过三次癌症。第一次是胃癌,第二次是乳腺癌,第三次也是乳腺癌。所幸都发现得较早,所以完全治愈了。现在只是为了不再转移、复发,而过着非常谨慎的生活。

当然,最初得知病情时我受到了很大的打击,非常悲观和愤怒:"为什么是我得了癌症呢?"不过,由于家人和同事的鼓励,以及凡事看得开的性格,我慢慢接受了现实,想着"唉,得了也没办法啊",然后为治疗做了最大的努力。

于是从那时起,我从内心深处做出决定:要在人生中不断地做自己想做的事。

无论是谁,迟早都会离开这个世界。因而,一味地惧怕死亡是毫无用处的。比起惧怕,更应该把注意力放在"活着的当下",认真思考自己真正想做的事情并付诸行动。

如果问经常面对死亡的医疗工作者,他们一定会谈及那些将死之人提到的共同的后悔,即对于"为什么那时候没有去做呢"的后悔。不是后悔做过的事情,而是后悔那些没能做的事、没有做的事。他们心有不甘:"如果现在回到那个时候,我一定会去做。为什么当时要用那种借口回避挑战呢?"

我自己得癌症的时候确实是这样想的。如果现在还有能做的事,如果能有1%的机会,那就去做吧。绝对不想在迎来死亡时因"为什么都没做"而后悔。

也许很多人在平时对于"死"这件事不会有什么概念,我也是如此,对于死亡这件事就像隔岸观火一样,觉得与己无关。

但是,当你实实在在感觉到"啊,可能明年我就已经不在这个世上了"时,即使不情愿,也会让自己思考"我到底想要做什么"。

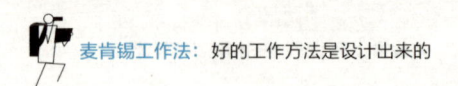

丝毫不会后悔的生活方式真的存在

就我来说，让我审视自己人生的契机，是偶然遭遇的这种叫"癌"的病，但除此之外，也有一些其他事情引发了我的思考。

我有一位在麦肯锡公司时比我先入职的同事，他叫炭谷俊树，是位于神户的乐特国际学校（Learnnet Global School）代表，也是神户信息大学院大学的校长。

阪神淡路大地震之后，他在神户当地创办了学校。就职于麦肯锡公司后，工作地在丹麦，那时他有了自己的大女儿。他说，大女儿在丹麦接受的教育是关注每一个孩子，并培养每一个孩子的个性与自立性，这种教育使他非常有感触。

他认为，北欧人之所以非常老成，是因为他们接受的基础教育非常成熟。领悟到这一点，他在回国经历了大地震之后开始思考，应该在审视自己与孩子们"生命"的过程中充分运用自己的经验和能力，而这也正是他必须去做的事。于是，他成立了以自立、探索型学习为亮点的乐特国际学校。

"照亮自己，照亮对方，在互相关爱中成长"是学校的基本理念。他的的确确没有只满足于作为顾问的生活方式和人生，而是设计自己的工作法，创造了一个能够照亮孩子们的未来，并且能够共同成长的环境。

这位前辈担任顾问时同样非常优秀，但他并没有止步于此。当在大地震中亲睹生与死之后，他就把自己的生活方式、工作法转换到自己真正应当做的事情上。

只做自己能做的事，并且对这样的工作法没有丝毫后悔。正因如此，炭谷俊树先生才能够走到今天。在与他聊天之后，我也更想去探求只有自己能做的工作法了。

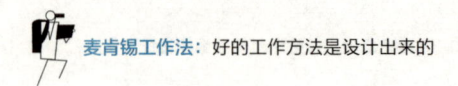

思考"以工作为人生":以工作为人生的时代

2017年,美国盖洛普公司一项以世界各国企业为对象、针对员工工作热情度的调查,结果显示:日本选择"充满热情"的员工只占6%,远远低于美国的32%,在被调查的139个国家中处于第132位,基本是倒数水平。24%的人是"向周围发泄不满的无精打采的员工",70%的人是"没有干劲的员工"。因此,对工作感到满意的人确实是很少的。

并且,日本过劳死问题正处于风口浪尖之上,人们关于"工作法改革"的讨论也非常活跃。

我认为,为了公司而强忍着工作是最危险的。因为当人在强忍着工作时,其认知的范围将会变窄,结果就会既无法辞掉工作,也无法休息,最终引发过劳死。

之所以会产生这种情况,难道不是因为在我们的认知中,

第一章 麦肯锡公司人无论何时何地都能设计工作法

无论是优先选择"工作"还是优先选择"个人自由"和"个人时间",都必须牺牲另一方的这种二选一的思维在作怪吗?

但是说起来,为什么在自己的人生中,必须把工作和个人分割开来,必须去实现"工作与生活的平衡"呢?我认为,无论在哪里、做着什么工作,都不应当改变"自我"。把工作时的自己和私下的自己进行明确区分,必须使两个自己都呈现完美的想法难道不是很奇怪吗?

如果探寻这种想法产生的原因,应该追溯到日本高速发展时期。那时,为了得到最大化的生产结果,员工必须把自己分为"摒弃自我,一切奉献给工作"和"个人世界的自我"两个部分,这种想法被认为是理所当然的。

这样一来,即使把个人的事情放在一边,只要赶上经济增长,物质生活就会变得丰富起来。养老金也不必担心,员工可以领到的金额是高于自己缴纳金额的。正是因为普遍有着这种回报制度,所以多数人能够把"工作"和"个人"分开。

但现在已经不是那样的环境了,即使为了工作牺牲自己而不断忍耐着什么,也难以想象能得到与之相应的回报。本来就没必要在两个不同的自己之间保持平衡。应当是"以工作为人生",而非"平衡生活与工作"。把工作和自己人生中想做的事、希望达成的目标作为同一件事去考虑才是最应当采用的方式。工作,就是生活,就是人生。

麦肯锡工作法：好的工作方法是设计出来的

不被人工智能取代的"工作法设计"

很多人认为，今后随着AI（人工智能）的进化，大部分的工作都会被人工智能取代。

实际上，在各种各样的领域，迄今为止人们积累、学到的东西，以及被视为手艺技能的东西都在不断发展为自动化。

丰田公司原第一技术工人（史上最年轻的"技能奥运会"冠军）原原诚子（Hara Masahiko），目前在经营一家网络销售公司。据他所称，自1997年来，以世界首次量产的混合动力车而闻名的"普锐斯"出现后，在汽车领域，技工的工作法也和以前大不相同了。

在以前的汽车中，没有技术工人不触及的地方，可以说他们掌握了汽车的每一处零件和构造。但是随着普锐斯的出现，汽车完成了从"机器"到"奔跑的电子机器"的变革。

第一章 麦肯锡公司人无论何时何地都能设计工作法

靠人的经验和感觉进行操作的部分减少，而内容不明确的黑匣子增加了。"这样下去的话，我们技术工人还怎么工作呢？"原原诚子产生了这种危机感，于是在丰田公司的生产现场经常说一句话："不要只动身子，要动脑子。"用日语来说，就是不要单纯的"动"，而是加单人字，使之变为"働"①。技术工人们应当把只有运用人类智慧才能产生附加值的事作为自己应当做的事。

原原诚子他们研究了一种机制，把那些迄今为止只有熟练技工才能做的工作变成谁都能做的事。运用这种机制，他们的时间分配也产生了变化。即让其他人和机器去做谁都能做的事，而技术工人专心磨炼自己的手艺，把时间用在产生新的进步和高端技术的开发工作上。

这种机制不局限于汽车领域，现在已经出现在日本的各个领域了。

如今，信息技术和AI的兴起与发展已呈不可逆转之势。如此一来，对"只有人类能做的工作还有多少"这一问题进行考虑，然后进行"工作法设计"是必不可少的。

换句话说，无论AI发展得如何先进，能经常用自己的头脑不断思考"自己能够做什么"的人才不会被时代淘汰。

---

① 日语中的"動く"指"动作"，"働く"指人的"工作"。

不要简单地下结论说"人类的工作正不断被AI抢走",而是停下脚步思考一下吧。

AI也有不擅长的领域,它虽然能够从过去庞大的数据库中快速得出正确答案,但是对于"为什么那个是正确答案",并不能做出让所有相关人员从道理上和情感上都接受的解释。在这方面,AI尚不擅长。

另外,即使是AI高度发展的社会,"想与人接触""想与人交流"的欲望也是人类最本质的东西,所以需要人类来做的工作是不会消失的。

而且,AI很难征服那些"不感兴趣"的人,也很难让他们提起兴趣。而与这些"不感兴趣"的人之间的交流,毋庸置疑,人类会比AI做得更好。

在正在到来的时代中,能做很多谁都会做的工作,或者会做那些连机器和AI都能做的工作,这样的工作量并不会成为衡量标准。你的工作质量在于"创造了什么""贡献了什么",这些才会成为评价标准。

也就是说,能够进行"工作法设计"的人会获得好评的时代已经来临。

决定自己工作法的四个问题

我觉得没有人想让别人决定自己的人生。

由别人规定学习什么、住在哪里、和哪些人交往、穿什么颜色的衣服、只能吃什么食物、如何度过某段时间等,这样的人生简直不可想象。

但是不知为什么,一到了"工作法"上,几乎所有人都有意或无意地认同"就业"这一想法,即认为被公司、各种各样的组织、团体正式雇用才是"应该追求的东西"。

谁都希望自己的人生能够由自己掌控,但在把人生有限的时间投入"工作法"和"工作"上,人们往往更倾向于与大多数人保持一致,而非自己去设计。想来,这是非常不可思议的事情。

在设计工作法的时候,首先要做的是下决心:"自己的工作法由自己决定。"

接下来需要做的是，向自己提出以下四个问题：

1. 自己的优势、技能，以及擅长的是什么？

首先，请试着写出自己擅长的东西、到目前为止掌握的技能，以及到目前为止的经验等。

也有人不太清楚自己的优势。在这种情况下，一般去咨询专业的指导顾问会比较有效。也可试着向身边自己觉得"好厉害"的人，或非常了解自己的前辈和上司求助，让他们"客观地指出自己的优势"。除此之外，也推荐使用能够从34种资质中，明确判断哪些是优势的"盖洛普优势识别器"（StrengthsFinder）工具。

比如，我的三个优势是：（1）战略性（活用战略思考和顾问工作）；（2）追求极致（总是追求高质量的东西，不断改善品质和服务）；（3）亲密性（和对方紧密联系，创造良好环境）。因此，我能够发挥自己的优势，一边观察周围人的人生战略，一边能够及时发现，扩大可能性，并帮助他们改善生活方式。除了前面说到的发现自身长处的工具之外，还有"关于长处的调查问卷"（VIA）和"现实主义2"，以及"财富原动力"（Wealth Dynamics）等，好好利用它们吧。

2. 自己能提供什么样的价值？

在工作上，顾客让你开心的事是什么？有没有顾客对你说过"谢谢你的服务"？

不仅限于工作，私下时，"因为帮别人写了博客的文章，反响很好，对方很满意""平时爱好拍照，帮别人拍了商品简介照片；后来销售额变高了，对方很感谢我"等，你有过这样的经历吗？

以我自身的例子来说，能提供的价值就是通过战略思考来深化客户的思维，通过指导来发现对方的优势，通过冥想来提高客户的表现力，等等。

请试着列举几件"被别人感谢的事情"，你能提供的价值很有可能源于此。

3. 自己想获得怎样的提升和发展？

自己想朝着什么方向发展呢？虽然前文已经提过几次了，但在这里请再诚实地写出自己"喜爱的事情""感兴趣的事情"。无论这些事"是否能够赚钱""现在是否作为职业存在"，请都写出来。

我"想要钻研喜欢的事"的想法很强烈，通过钻研冥想的世界，我与其他咨询顾问产生了差距，迎来了新的更大的可能性。在上面"1"中所说的"优势"部分中，我提到有的人"自己都不了解自己的优势在哪里"。其实，在那些"意识到之后忍不住经常做的事""有兴趣，但不知道该怎么做的事""想尝试学习"之类的事中，很有可能隐藏着你的优势。不知不觉中，这些事就会指引你前进的方向。

4. 自己想要得到什么样的回报？

回报不只是金钱，还包括自己工作的场所、与同事共同度过的时间、参与的社会活动，以及由此建立起来的关系网、来自客户的感谢、自己的职位、工作本身的意义、自身的技能提升等多种形式。

对我来说也一样，带给我充实感的不只是金钱，还有帮助人们发现自己的可能性，以及见证他们发挥自己的优势从而获得成长这些事。

你想要得到什么样的回报？想要多少回报？这和自己的价值观有着直接的关系。其实，仔细想想自己到底追求什么会比较好。

这四个问题，并不是问自己一次就完事了，应该时常问问自己。它们会像圆规一样帮助你规划出自己的方向。

"生活方式"将直接变成工作

在今后的时代,无论在哪里、从事怎样的工作,都可以通过发挥自己的优势创造价值,同时进一步改善工作法使自己成长,从而获得使自己感觉幸福的回报(这种回报并不一定是金钱)。

由于互联网等信息技术、智能手机等设备急剧地更新换代,不仅在日本的人,在世界上任何地方的人,或者说无论自己在世界上的哪个角落,都可以一边和同事交流一边工作了。

在之前,被视为交流沟通的最大障碍就是日语、英语、汉语等各种不同语言。但这个问题如今也因为自动翻译技术(正是活用了AI的深度学习等知识)而发展到了"能够使用"的水平,从而不再成为问题。

并且,导入这种最尖端技术的成本在过去比较高,有很多企业必须进行相应的投资。但现在,很多产品的成本已经发展为即

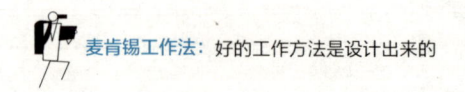

使个人承担也毫无压力,或者直接免费的程度了。

正如产生出"零边际成本社会"(不断创造物品和服务的成本无限趋近于零的社会)这一词汇一样,由于互联网与IOT(物联网,即身边所有的东西都通过互联网进行关联的机制)的升级,所有事物都能实现低成本或免费的社会正在到来。

比如说有人喜欢香氛(植物精油)。如果添加了香氛的化妆品对身体有好处,那么我也会试试。即使明白会有顾客很欢迎这样的点子,但如果之前没有从事过化妆品行业工作,那么将这些想法付诸实践,去生产、销售的话是很难的。

但现在,这是可能实现的。即使毫无化妆品制造技术,也能以几十万日元的低成本实现这个想法。

譬如,可以通过互联网找到拥有化妆品制造技术和设备的工厂,让其代为加工。如果是更简单的产品,则可以使用共享工作室,这样也能轻松接受化妆品专家的建议和指导。

另外,通过众筹去实现有机化妆品的生产也是个不错的方法。在过去,若没有大规模的准备和资金,以及相应的技术和体制便不可能实现的事情,如今将变成可能。

事实上,艺人住谷正树先生的妻子住谷杏奈女士,在肥皂和化妆品的销售上实现了数亿日元的销售额,这是一个作为企业家取得巨大成功的例子。

当然,不仅仅是卖东西,提供服务也一样,需要通过网站和

第一章 麦肯锡公司人无论何时何地都能设计工作法

系统的构筑，考虑用户方便使用的设计及跟进机制等。需要做的事情有很多，单靠一己之力完成是很困难的。

这时候，只需通过众包来组建一个虚拟团队，从而充分利用专业人士。只要切实商定好目的和报酬，他们反而会比公司的正式职员更具有职业精神，短期内就可以生产出高质量的东西。

自己能感受到"做这件事很开心""能这样很幸福"的生活方式本身成了"工作"。能够由自己自由制定其机制和做法，这就是"工作法设计"的时代。

麦肯锡工作法：好的工作方法是设计出来的

你是否能感觉到自己的人生意义？

有很多人在制定自己的工作法和面对更多的选择时会以金钱作为衡量标准。但是金钱只是富有的一个要素，绝不是富有的全部。

进行"工作法设计"能得到什么？在思考这个问题时，希望你不要忘记这个事实。

自己设计自己的人生，自己决定重视什么、放弃什么之前，当然也会考虑能否获得物质上的富足。

如果从战略角度出发进行工作法设计的话，当然能获得物质上的富足。而且，还能感受到"人生的意义"。这才是工作法设计的关键。

获得诺贝尔经济学奖的美国心理学家、行为经济学家丹尼尔·卡内曼教授称，以年收入7.5万美元为分界线，在这以下，感

第一章　麦肯锡公司人无论何时何地都能设计工作法

情上的幸福度会与收入呈比例增加；但收入超过这个数字后就不会再与幸福度呈比例——也就是说，即使年收入继续增加，幸福度也不会像之前那样上升了。

收入低的时候，随着收入的提高，幸福度也会有所提高，但那是有界限的。能找到自己人生中应该做的事情、因为某个人心情变好、创造新的联系、为社会创造价值，若能从这些事中获得充实感，那么幸福度就会进一步提升。

感受到人生意义所带来的幸福度，每个人都不一样，所以没必要和谁比较，也没必要比较多和少。这种幸福度是不会达到极限的。

所谓赚钱上的幸福感，就是能实际感受到"自己的人生意义"。如何才能充分做自己"喜欢的事"呢？自己的工作价值怎样才能帮助到别人、使别人开心呢？若能够实现这些，我认为人们就能感受到"自己的人生意义"，并觉得很幸福。人生的意义并不是干巴巴的道理。笑容和快乐一样，是在触动人的经历、心弦之时，得到别人积极回应之时自动涌现出来的。

比如，有些人非常喜欢逗乐，他们格外喜欢看逗乐表演，所以想做与逗乐相关的工作，想通过逗乐带给很多人快乐，他们认为这就是自己人生的意义。就我来说，虽然我没有成为逗乐艺人的才能，但是我能够敏锐察觉到别人的逗乐才能，并且能够分析他们擅长面对什么观众、擅长什么类型的逗乐。在这方面的能力，我比任何人都强。所以，我也可以成为一个"发掘艺人的制片人"，或者考虑当一个"逗乐艺人的经纪人"。

在设计与人生意义相关的工作时，作为一个玩家来实现它并不是唯一的选项。可以充分发挥自己的优势，通过间接接触获得充分的满足感。

要在把握自己"喜欢的事"和"优势"的基础上、为了最后能觉得"这样做真好"而去设计工作法，并且制定实现它的战略方法。

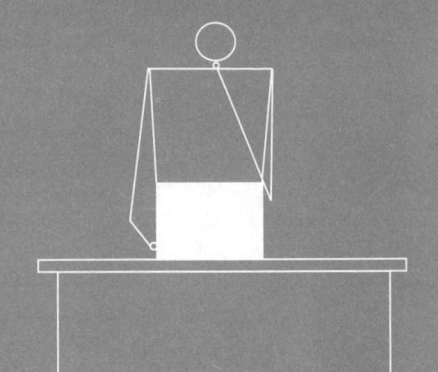

| 第 二 章 |

工作法战略的设计

第二章　工作法战略的设计

每个人都可以自由设计工作法

　　这一章将具体说明关于设计工作法的步骤。在此之前，我希望大家能先理解一个前提，就是"设计工作法"到底是什么意思。

　　"设计"（design）这个词的本意是指什么呢？如果查阅一下词源，就会发现它的词源和"dessin"一样，同来自拉丁语"designare"，即"用符号表示计划"。"dessin"是指对绘画、雕刻的构思进行的大致描绘或素描。换句话说，所谓"设计"，可以说是粗略的设计图。

　　关于"设计"的词典释义，有的解释为："对想制作的物品的形态进行构思，思考其功能、制造过程等；构思、设计、图案。"

　　也就是说，"工作法设计"就是指"针对工作法的形态，考虑

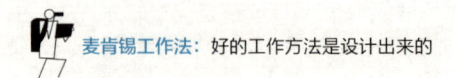

要做什么（功能）和其制作方法（制造过程）等，并且事先制作出设计图"的意思。

提前设计好工作法是很重要的。作为自己在今后人生中的工作法，应该从现在开始思考在哪儿、和谁、做什么、产生什么结果，以及具体的制作方法。思考这些之后，便要时时重新审视自己今后想要前进的方向是什么，自己是否在朝着这个让自己满意的方向前进。

拿旅行来说，每个人在出发前都会考虑去哪里、和谁一起去、怎么去。但是一到"工作法"的设计上，就会有很多人只盯着报酬、工作地点，以及自己能否胜任等外部条件，而不去考虑自己想和谁一起、想在什么样的环境、想如何工作等。对这些问题不加思考而直接进入工作，如果不决定自己的"目的地"而一直原地踏步，就无法做自己真正想做的事情。

· 迄今为止完全没想过关于"工作法设计"之类的。
· 现在开始思考"工作法设计"还来得及吗？

就算你有这种担忧也没关系，因为每个人都能实现自己的"工作法设计"。跟着本书的引导，从"现在、马上"开始设计，开始重新审视自己，你的人生就会渐渐发生改变。

设计工作法有三个步骤

在"序言"中也提到过设计工作法需要三个步骤,在这里就先谈谈这三个步骤吧(图见第30页)。

步骤1

从属于组织和集体,并在其中提高自己的阶段。因为这是掌握工作的阶段,所以会学习技能、磨炼自己。这个阶段的关键词是"稳定""集体""从属""附属""统一化"等。

步骤2

这是发现自己擅长的领域,并以有用的形式(能赚钱的形式)提供自身价值、实现自立的阶段。若从属于组织的话,这样的人便会被周围人尊为专家;若是独立的话,就会发挥出能够在竞争中战胜他人或其他公司的优势。这时,工作便成为实现自我

设计工作法的三个步骤

	步骤1 工作法1.0（组织）	步骤2 工作法2.0（自立）	步骤3 工作法3.0（共存）
战略	·在组织中提高自己	·寻找自己擅长的领域，使之成为有用的形式（能赚钱的形式）； ·深入挖掘、扩大擅长领域	·给予、帮助他人 ·建立人际联系
收入	以时间为基础	以成果为基础	以提升、贡献为基础
对工作的理解	锤炼自己的手段	自我实现、自我表现的手段	追求自己"喜欢的事"
建立联系	与组织内的成员	与自己擅长领域的人	与"喜欢的事"领域的人
关键词	稳定、集体、从属、附属、统一化	实现自我、追求自我、竞争、名誉	相辅相成、联系、团体、多样性、贴近、感觉良好、给予、想做的事、爱、贡献

或者表现自我的手段。若要列举这个阶段的关键词，就是"实现自我""追求自我""竞争""名誉"等。

步骤3

拥有自己擅长的领域，并且能够发挥自身能力去为他人做贡献；若和其他的专家合作，便能够创造出更大的价值，这是一个相辅相成的阶段。追求自己"喜欢的事"，或参加自己喜欢的团体，或自己号召很多人组成团体。这个阶段的关键词，就是"相辅相成""联系""团体""多样性""贴近""感觉良好""给予""想做的事""爱""贡献"等。

步骤1～3并没有优劣之分，但一般来说不管做什么工作，都会遵循1→2→3的顺序。

这里的步骤3就是"工作法3.0"。在这个阶段存在的不是竞争，而是合作。这个阶段的工作法是，人们不会被公司这个单一的组织束缚，而是虽然从属于多种多样的团体中，但大家会集结自己的能力和价值去创造新想法，并最终实现共赢。

然后，在自己的每个工作领域去思考，如何向下一个阶段前进、在哪里工作、做什么样的工作。记录下这些，就是"工作法设计"。以我自己为例来说明吧。

我并不是从步入社会第一年开始就有明确的"工作法设计"的。但是，自从我开始在麦肯锡公司工作，我发现身边都是一些不断实现自己的想法、做着自己喜欢的事之人，在他们的不断影响下，我也能够一点点地实行自己的"工作法设计"了。

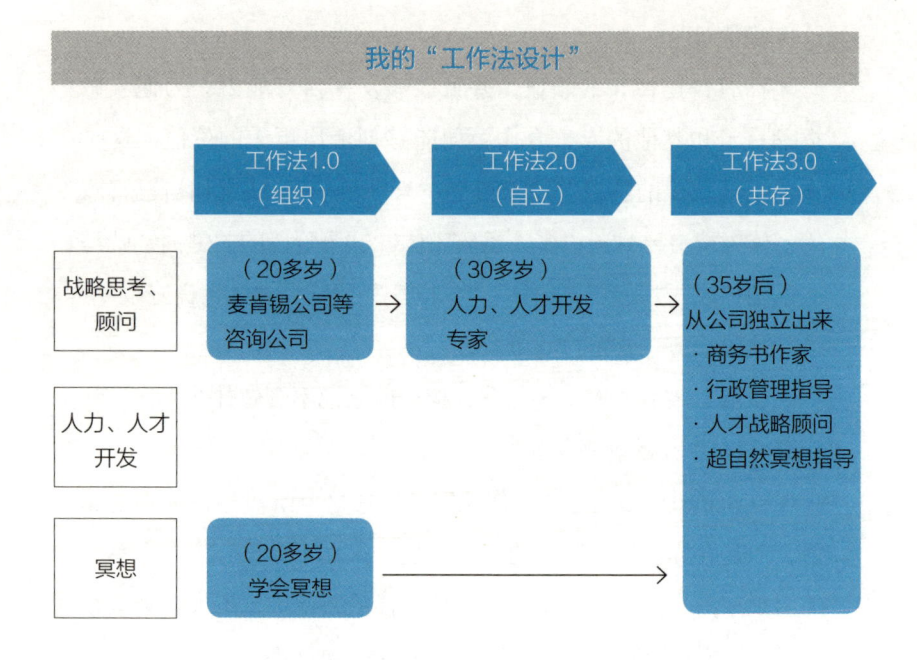

我的"工作法设计"

	工作法1.0（组织）	工作法2.0（自立）	工作法3.0（共存）
战略思考、顾问	（20多岁）麦肯锡公司等咨询公司 →	（30多岁）人力、人才开发专家 →	（35岁后）从公司独立出来 ·商务书作家 ·行政管理指导 ·人才战略顾问 ·超自然冥想指导
人力、人才开发			
冥想	（20多岁）学会冥想 ——————————→		

1. 深入一个专业领域的时代——"工作法1.0"

在我20多岁的时候，从麦肯锡公司开始，我一直任职于战略顾问公司。在这期间，我的战略思考和顾问技能得到了扎实训练，也掌握了方案整理、资料制作、进度推进等为了实现高质量的训练而实施的工作法、解决问题的技巧等。并且，我也是从这个时候开始进行超自然冥想（TM）的。

2. 在多个专业领域中磨炼本领，追求心中所想的时代——"工作法2.0"

到了30多岁的时候，我先后在华信惠悦（Watson Wyatt）等外资组织、人力顾问公司，以及日系智囊顾问机构三和综合研究所（现三菱UFJ研究及咨询公司）等做过经营战略及人才管理的顾问工作。在这个阶段，我开始确定了自己擅长的专业领域就是人力、人才开发。另外，我当时还负责培养年轻职员，做过项目负责人。在这一过程中，我深深感受到，若要创造一个能取得最优成果的团队，"快乐"是必不可少的。从这时起，我开始追求团队管理的乐趣和精华，寻找自己真正想做的事，并努力开始写作。这也是我迷上冥想，不断学习高级技巧的阶段。

3. 提升与贡献，相辅相成，着手自己想做的事的时代——"工作法3.0"

35岁以后，我开始作为一名人才战略顾问、行政管理教练独立工作。庆幸的是，我创作的商务书籍也大受欢迎。并且，我每年有一两个月的时间待在印度、泰国等地，在与海外朋友交流、深入冥想的同时，还获得了超自然冥想教练资格。

现在的我对于顾客来说，担当的应该是"调整身心的冥想"加"教练、顾问"的角色。

我在出版、企业培训和冥想的各个领域创建集结了专家的虚拟团队，通过这些团队，我的工作范围得到扩展，在原来"B to

B"（企业对企业）的基础上扩展到"B to C"（企业对个人），并且成立了几个团体。此外，我越来越喜欢香氛，还对一种名叫吠陀香氛的特殊香氛展开研究，并从事商品顾问工作，以及研究如何充分利用产品、推广以冥想为基础的休息法等，我开始能够不断提供新服务和新内容、新产品，工作领域得到了扩展。

这就是"工作法3.0"的世界。

可以说，这是一个不受组织的框架束缚、自己和想合作的人或团体进行合作、挑战有价值的新的事物，以此作为工作并开始享受的阶段。

按照工作法的三个步骤，试着写出自己的"工作法设计"吧。

公司职员也能实现的"工作法3.0"

　　介绍我的一个朋友的例子吧。这位朋友是一名出色的公司职员,在工作的同时追求着自己想做的事,实现了"工作法3.0"(图见第36页)。

　　他在大学毕业之后踏入系统工程师的行业。在系统开发公司工作了几年,30多岁时跳槽到顾问公司。在作为系统顾问、经营顾问的职业生涯中,他还学习了自己感兴趣的营销和企业经营,并且逐渐以此开始"复业",为个人提供咨询服务。在这个过程中,为了提高个人企业和中小企业的销售额及吸引顾客,他切实感受到了"促销文案"的必要性。

　　于是,他利用假期等闲暇时间,在培训学校里学习促销文案的写作技巧;并且把这些技巧运用到自己的顾问工作中,从而帮助企业大大提高了销售额,吸引了更多消费者。

此外，他还应企业的邀请担任市场营销的培训讲师，也参与书籍的制作。虽然兼顾公司的工作很辛苦，但因为在做自己想做的事，所以并不觉得累，每天都过得很充实。将来，他还想试一试个人创业指导工作。

我和我的朋友都是这样，随着职业生涯的发展，在充分运用现在掌握的技能的同时，也在学习让现在的技能进一步得到发挥的技能，我们的世界就这样在拓宽。

我们可以追求与工作完全无关的技能，如"冥想"；也可以

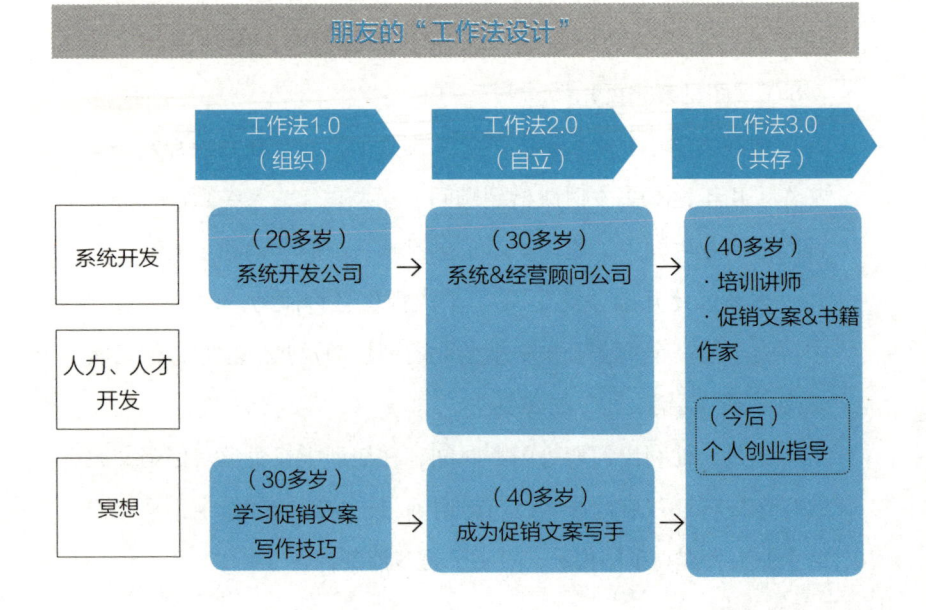

朋友的"工作法设计"

	工作法1.0（组织）	工作法2.0（自立）	工作法3.0（共存）
系统开发	（20多岁）系统开发公司 →	（30多岁）系统&经营顾问公司	（40多岁）·培训讲师 ·促销文案&书籍作家
人力、人才开发			（今后）个人创业指导
冥想	（30多岁）学习促销文案写作技巧 →	（40多岁）成为促销文案写手 →	

第二章 工作法战略的设计

追求与工作直接相关的技能，如"促销文案写作"。无论是哪种，当之后回过头看时就会明白，正是由于它们之间的协同作用，才使自己成为一个"唯一"的、不可替代的人。

再介绍一下其他几位自由进行"工作法设计"的人。

· 明信子（Mineshingo）：做过美容师、编辑、营业员，掌握了多种技能；在30岁时与身为设计师的妻子共同成立了名为"Atashisya"的"夫妻出版社"。

· 田中达也：公司职员时期，在照片墙（Instagram）上作为爱好发布了小模型的照片，大受好评；是艺术指导和摄影家活跃在"微型模型生活"界的代表。

· 山口周：作为光辉国际猎头公司的高级客户合伙人表现十分出色，运用自己学习哲学、美术史的经验，从"人文科学×经营科学"的角度举办写作和哲学研讨会，是网上书店"Leibniz!"的负责人。

· 伊藤羊一："yahoo!学术"大学的校长，在培养新一代领导人的同时，也是格洛比斯经营大学院大学的客座教授。他以领导能力开发为主题在公司内外积极举办活动，也是唯尔为（WillWay）股份公司的代表董事。

· 田中元子：虽然考上了大学医学部，但后来离家出走了；在独自生活的过程中邂逅西班牙建筑师坎波·巴埃萨（Campo

Baeza）的著作，从此被建筑吸引，并成为"一楼建设专家"。

他们在运用迄今为止所积累的职业与技能的同时，也开拓了全新的人生，打造了属于自己的一席之地。

请一定要试着写一下你的"工作法设计"。

首先将自己现在从事的工作或者接下来想做的工作纵向排列，第一步、第二步、第三步都是什么工作，在哪儿、怎样工作都要写上。即使一开始是照猫画虎也没关系，逐渐细化就好了。

假设你现处在20多岁，即将开始你的职业生涯，那么今后你想朝着什么方向发展呢？尝试立足于眼前展望一下吧。即使你现在是40多岁，几乎可以预见今后的职业生涯，也请思考一下目前为止掌握的技能和积累的经验，以及今后的前进方向，自由设计一下自己的工作法吧。

设计工作法时，重要的是灵活运用"现在所处的环境""目前为止的经验和机会"。即使现在做的工作并不是你想做的，但从中得到的技能和经验也是有意义的。

比如，即使只是在便利店打工，也能从中学习到接待技巧和投诉应对技巧、近距离判断畅销商品或滞销商品的经验、收银台操作和转账等各种手续、对操作手册的理解、对新人的指导等各种各样的知识和经验。把这些经验与自己真正想做的工作结合起来考虑一下吧。

就算只是个设想,也请设计一下工作法。这样一来,今后就会一点点朝着自己所期望的方向发展。

充分运用现在的环境和机遇来进行"工作法设计"。

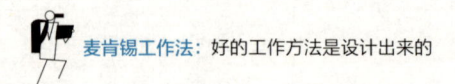

试试"穿别人的鞋子"

设计工作法，需要正视自己的价值。在这里需要注意的是，所谓的价值并不是绝对的，而是相对的。因为，如果别人对你能够提供的东西并不认为"是有价值的"，那这个东西就不能创造价值。

因此在思考自我价值的时候，不仅"自我视角"重要，从"别人的视角"去审视也很重要。不仅仅是麦肯锡人，只要能创造出自己价值的人，几乎无一例外都能完成这个视角的转换。

并且，价值并不仅仅指特殊才能、最尖端的东西和最新潮的东西。

举例来说，假如一个人虽然不擅长提出新想法，却非常擅长仔细观察事物的细节，发现遗漏和重复等浪费的部分，并对这些进行跟进。怎么说呢，因为这是一种"被动"的技能，所以在当今社会上可能会被认为没有什么价值。但是对于与创意、执行力相伴的风险集团来说，这种跟进技能甚至可以说是求之不得的。从这样的集团来看，能够在细微的地方查漏补缺的技能具有很大的价值，所以就可能把这个人纳入麾下。

思考自己能创造的价值时，试着想一下、调查一下"什么样的人会需要我呢""不具备这个技能并且很苦恼的人在哪里呢"。其实这件事就是和"穿别人的鞋子"一样，如果能穿着别人的鞋，从别人的视角把自己具备的价值、优势转换为实际创造出的价值，你就是一个能战略性地进行"工作法设计"的人。

我认为"穿别人的鞋子"这一习惯，在今后的时代会越来越重要。无论人工智能有多么发达，当思考"站在生活于这个时代的人的立场上，自己能创造的价值是什么"时，人类的思考就发挥作用了。人工智能再怎么发达，只要你有"穿别人的鞋子"的习惯，就不会对自己今后的工作和工作法产生不安。

虽说如此，还是会有人觉得很难"穿别人的鞋子"进行思考。接下来就介绍一种即使觉得困难的人也能轻松运用的思考方法，它就是"六顶帽子法"。

该法如其名，就是想象一下自己戴着六顶不同颜色的帽子（实际进行时，真的戴上帽子或者用彩色卡片进行也是一种方法），进行六种不同模式的思考。关键是通过成为自己以外的人，来自动打破自己的固定概念和思考方式。

1. 白（客观的思考）

以数字、数据和可靠的信息为基础进行思考。

2. 红（直觉的思考）

以感情、感觉、直观的想法为基础进行思考。

3. 黑（否定的思考）

从课题、风险和损失等方面进行思考。

4. 黄（肯定的思考）

从值得表扬的优点和好处等方面进行思考。

5. 绿（创造性思考）

创新性的，以从来没有过的东西为基础进行思考。

6. 青（进程管理思考）

从整体的可实现性为基础进行思考。

进行这种思考时，完全遵循其颜色决定的思考方式是唯一的规则。这就像穿别人的鞋子一样，当进入"别人的思考方式"之后，平时自己不会思考的东西就会进入脑海。

"工作法设计"是可以不被现在所处的环境、所做的工作束缚的。

通过"复业"实现自己的多面性

想确认自己能给谁创造价值的时候，除了"穿别人的鞋子"以外，"复业"也是一个好的方法。

我特意没有使用"副业"这个词，因为"副业"的前提是"本业"，我们对它的印象是在本业的空闲时间做的工作。在今后的时代，想做的事情并非必须完全集中到某一种职业上。所以为了让自己的多种工作都显示出各自的价值，我使用了"复业"这个词。

不管国家还是企业，都在朝着鼓励"副业"的方向发展。

所以，并不需要把自己现在的工作全部辞掉。只需开始一项"复业"，把自己擅长的东西、优势和强项转换为价值就行了。

比如，如果你擅长经理业务，你可以通过众包来承担自由经营公司的经理业务。

也许你自己会觉得"不过会计而已,这有什么不会做的"。但是,对于不擅长做账本的人来说,他们会很希望"要是能托付给谁做就好了",这时,他们就能认同你的价值。

又或者,有的人喜欢读推理小说,读完后会把读后感发表在博客上,并且会收到推理小说迷们的热烈反响。他们会觉得"这个人推荐的书一定错不了,肯定很有意思"。这样的印象确立起来之后,也许这个人就可以围绕推理小说做一些新的工作了。

比如,他可以成为一名推理小说评论家;可以召集喜爱同一部作品的朋友,去故事发生的背景地来一场旅行;可以发起推理小说读书会;也可以在同一个团体中举办交流会,为人才交流提供平台(关注者们可能很快就会成为好朋友);再或者可以学习外语,并把国外的推理小说介绍到日本,或把日本的推理小说介绍到国外等。

像这样,通过"复业"把自己喜欢的事物转换为价值并且深入发展,可能就会获得巨大的回报。

发挥自己的多面性,就如同在自己内心中拥有好几个不同的自己。即使在公司里的自己和在兴趣团体里的自己有着完全不同的性格,也并非是不可思议的。有意识地区分自己的"脑内性格"(就像笔名或商务名字那样,在不同场合区分使用自己名字的情况并不少见),也可以扩展自己的能力范围。

而且我认为,如果进行"工作法设计"的人增加,那么同时需要他人价值的人也会增加，这是一个新的循环。比如，假设有一位空姐想利用周末时间为朋友们或熟人们培训礼仪。

要教别人就需要借场地，并开设吸引客人的主页、写博客、运营培训班，那么就需要制定开设礼仪培训班的商业战略。

这些事并不是都得一个人完成，和擅长的人一起做，已经成为理所当然的事了。

突破以往公司和组织的框架，个人与个人之间进行价值交换，从中获得各种各样的回报，渐渐加速形成一个新的团体，也可以称作新的经济圈。

通过"Lancers"这样的众包网站，我们可以轻松找到拥有必要技能的人。能轻松匹配理发师和发型模特、英语学习者和英语母语外教等的客户端（APP）也陆续面世，人们的"复业"越来越容易实现了。

紧跟这种潮流进行"工作法设计"的人，和没有进行"工作法设计"的人之间的差距会越来越大。

通过研究"复业"，可以扩大自己的可能性。

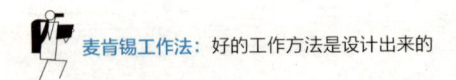

通过反复扩展与收缩实现"工作法3.0"

人的职业是通过反复"扩展"和"收缩"而不断前进的。

扩展：扩展工作和技能范围；

收缩：研究、提升某一种工作或技能。

这两件事并无优劣，无论哪个都是必要的。在思考自己现在的提升与成长方向时，重要的是要考虑清楚，到底是该把时间、金钱等资源都用在"扩展"上还是都用在"收缩"上。

无论是谁，都有过受他人所托、在各自的专业领域为了得到超出预期的成果而钻研（收缩）某份工作的时候。

这就好比一名职业运动员被教练委以首发出场的重任一样。为了不负众望，运动员要磨炼一些技能，按照教练的指示去完成任务，所以就要反复进行高强度的训练，积累实战经验。

过了这个阶段之后，接下来就到了将自己的能力、技能、经验运用到其他领域，拓宽（扩展）工作领域的时期了。这样一来，即使后入职的新人发展迅猛，但自己已能够在新的位置上发光发热，所以不会有危机感。又或者当团队进行新的挑战时，自己可以发挥出其他成员都没有的技能和经验，取得良好成果，从而获得在新的领域中创造价值的自信。

通过反复"扩展"和"收缩"不断提升，就逐渐能够以"自己想做的事""自己觉得开心、幸福的事"为中心向"工作法3.0"进发了。

要经常思考一下自己现在处于"扩展"时期还是"收缩"时期。

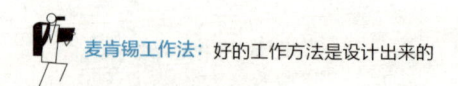

越厉害的人越会用"情感"来思考

在进行"工作法设计"时,情感是非常重要的。无论做什么,只要怀着"想试试""好像很好玩儿"的情感,就能激发出巨大的能量去努力钻研。与此相反,如果将自己的情感扼杀掉,从一开始就会没有情感的能量,那么容易积累压力,做的事也不会长久。

作为人活着的能量,情感本来就是不可或缺的。因为是人类,所以在做一些事的时候,会出现"喜欢""讨厌""好像很好玩儿""不想做"等各种各样的情感,这是理所当然的。

也可以把自然涌现出的情感当作自己的导航来使用。觉得做某件事不开心的时候,这件事和自己的初衷之间就会产生不一致。

越是优秀的人,就越能明智地运用自己的情感导航。对于感觉"做这个很开心"的事，他们会毫不犹豫地施放自己的能量。

到了"工作法设计达人"的层次，成为享受整个人生的人时，就连自己的每个细胞都已经进化到能自动判别的程度了。于是在面对"这件事做不做"的问题时，他们能在瞬间迅速做出战略性思考和判断，决定"做"或者"不做"。

如果问这些达人为何能够做到这种程度，他们几乎无一例外地回答"因为我很重视我的感受"。

但这其中也可能会有人说"不太明白自己的感受"。那是因为他把工作和自己的情感分开了。

但即使是这样的人，当与他一对一聊天时，问他"为什么会有那种感觉""为什么会这样"时，他在经过深入思考之后，一定会在某个地方回归到自己本来的情感上。

"周围的人都这样说，但真的是这样吗？"如果这样问自己，无论是谁，都一定能够意识到，"自己的答案"正沉睡在内心深处。

自己真正想做的是什么？思考这个问题的时候，请观察一下自己的心情变化吧。

一切都是从跟随"直觉"开始的

当你能够坦率面对"自己的情感",并且能够巧妙地运用它时,就会增加在各种场合邂逅美妙事物、发现意外惊喜,并依靠直觉判断出"就是这个"的机会就会增加。这也就是英语中所说的机缘巧合(serendipity)。

我从专业顾问的领域开始拓宽工作范围,第一次学习培训讲师课程的时候也是如此。

当时,我与别人共同出版了《风险型人才的培养方法》一书。本来是面向从事人力资源管理之人的书,但因为这本书的出版,我受邀到某女性经营者的聚会上发表演讲。会上,一位女性与会者对我说:"其实我在学习如何做培训讲师,这对我的工作非常有帮助。"

那时,"培训讲师"这种工作和说法尚未流行。我对它的印象也只不过是"原来如此，是做培训的啊"。但在之后受邀参加其他团体的演讲会上，负责人跟我提及了相关话题。

尽管它并不是流行事物，但我从素不相识的人那里连续听到了两次相关话题。而且我有种被当时的谈话所吸引的感觉。"这肯定是有原因的"，我想。于是我开始围绕培训讲师这个事物认真地进行了调查，并正式开始学习相关知识。

通过调查，我发现培训技能也可以运用到顾问的领域。

传统顾问的做法，主要是对客户进行采访、收集并分析各种各样的信息，并且更多是由我单方面提出建议。但如果只是这样，顾客实际上还是会在某些地方无所适从。

授之以鱼，不如授之以渔。无论我们如何提议"这样做最好"，但若没有让对方积极参与的话，他们的做法是不会改变的。弥补这些不足就得通过培训指导，通过这样的指导，我实实在在感受到了顾客发生的变化。

若能自然地做到这样的机缘巧合、依靠直觉去判断的话，"工作法设计"也会进行得更加顺利。

我还亲睹过一件事，那是在麦肯锡公司工作的时候，有一位前辈一直因为繁重的工作而疲惫不堪，但从某一天开始突然发生了变化，每天都神采奕奕。我问他："最近感觉你好有活力啊，是开始做什么了吗？"他回答我说："我开始冥想了。"

直觉告诉我："这个前辈工作十分出色，头脑也很聪明。既然他说这个很好,那我也要开始做!"于是我马上开始了冥想的学习。

通过冥想,我也感觉到了以前从未有过的心情舒畅,心灵和身体都开始变得有规律了。正因心灵和身体的规律运作,所以思考时也不会迷茫,可以立即判断自己应该做什么。并且,我的工作和个人生活中的很多事也能够顺利进行,甚至变得有趣了。

一次冥想的时间是20分钟,不需要借助任何工具。只需20分钟来冥想,就可以收获比普通的20分钟多几十倍的效果,所以是非常有价值的事。这也是我从前辈的话中邂逅的机缘巧合。

后来,我获得了冥想教练的资格。

于是,有趣的事情发生了:本来是请我提供顾问和培训的各个企业经营者,也开始请我去教冥想了。不知不觉中,我的角色已经变为可以提供"顾问、培训"加"冥想"的人了。

此外,我在一次受邀去国外的冥想培训班做翻译时,认识了偶然去那里的好莱坞大牌导演,后来还以冥想为主题邀请他来日本。

以上所有事都是从遵循自己的直觉开始的。重视直觉绝不是不现实,而是为了使现实更加多彩的重要因素。

直觉认为"就是这个"的东西,别管三七二十一,先参加体验一下吧。

第二章 工作法战略的设计

二十几岁的年轻人从日常工作中积累扎实基础

我的职业决定了我要和很多创业者接触。在这个过程中我发现，除了被公认为"是个天才"的人，能顺利创业的大多数创业者都至少要经过2~3年在组织中的工作，有的人时间更长。他们要在组织中学习掌握工作的基础。

比如，有一个系统开发能力非常强的项目经理，他在刚开始工作的几年里，一直都在做软件的洽谈业务，一边处理顾客的投诉，一边不断检查项目并进行优化，从一线掌握了用户的需求和软件的情况。

还有一位业务成交率非常高的经营者，他年轻时候，有几年一直做着写提案的工作，通过进行提案汇报，他倾听了顾客的需求和烦恼。为了针对这些问题提出并汇报解决方案，他不断进行练习，并从中掌握了营销技术。这些人的共同之处在于，不管从事的工作是否合乎心意，都认真地致力于一项工作，并掌握对今后有所助益的技能。

无论做什么工作，基础能力都很重要。即使从大脑的发育和功能来说，在年轻的时候不断夯实基础也是非常重要的。

不管是什么事情，在"自己思考并付诸行动""拥有自己的想法"之前，不打好基础都是做不到的，对其的理解也有可能很肤浅。

从大约30年前开始从事人工智能的研究、研发出世界上最早的日语适配的电脑的黑川伊保子也说过，通过多次的尝试和试错，人的大脑会逐渐发达起来。在年轻的时候，通过反复夯实基础，大脑会得到开发，从而能够灵活应对各种各样的事情。但如果没有基础，大脑到了四五十岁就会到达极限。正因为有年轻时建立的基础，人在过了40岁之后，便开始和年轻时不同，可以自由切换多个视角，从多角度对事物进行创造性的理解。

工作的基础能力，也体现在那些所谓的"惯例工作"，也就是日常工作上。自己是否能去钻研并高效完成这些工作、基础能力是否扎实，其结果是不同的。

从这一点来看，二三十岁的人没必要过于着急，不必急于实现眼前的成功。也有人说人的人格和大脑真正的成熟是从50多岁开始的，而充分做好日常工作、夯实使其成熟的基础也是需要时日的。

掌握、学习事物时不要着急，要进行彻底的反复练习。

各年龄段的工作法战略

从到目前为止我遇到的人的工作法及我自己的经验来看,若按照年龄段来思考工作法战略,便是如下所示:

20多岁

怀着目的工作,不轻视简单的工作,用日常工作锻炼大脑;掌握基础能力,掌握逻辑思考能力,首先去尝试。这个阶段重点是量的积累。

30多岁

扩展自己的范围,发现一片蓝海[①],做重视价值的工作,把已

---

① 蓝海指有潜在需求、竞争者较少的领域。

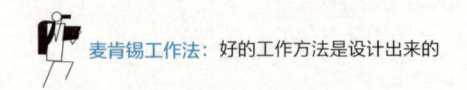

有的想法整合起来去做新的事情，将多种技能相结合，自己主动实施行动。

40多岁

拓展人脉，掌握团队组织能力（协作能力），摒弃那些没用的讲究，参与大型工作，确立自己的特色。

当然，这个年龄段是大致划分出来的。发展程度、成熟程度、经验值不同，不同的人也会显现出差异。建议大家不要只是增长了年龄和从业时间，而要从自己现在的工作情况开始，参照不同年龄段的工作法战略去有意识地设计自己的工作法。

设计工作法是一种战略。掌握自己的现状，以自己现在的能力、技能、经验为基础，总结一下今后自己想做什么、自己真正能享受其中的事是什么。在思考这些时，要明确自己所缺少的必要因素、环境等，并思考填补这些的最佳方案，然后付诸实践，这些都是很重要的。

我们要按照"我现在所做的事有着这样的意义和价值，在下一步工作中，应当这样运用它们来设计工作法"的思路去工作。

要意识到不同年龄段的工作法战略，并融入工作法的设计当中。

根据"幸福度"来衡量工作

"从事现在的工作时,你是否幸福?"

这个思考角度对于"工作法设计"是很重要的。因为你只有对工作感到幸福,压力才会减少,才能每天保持充实感。反过来说,应该去追求如何在工作中寻找到幸福,以及用感到幸福的方式去工作。

庆应义塾大学研究生院的前野隆司教授开创了"幸福学"这一学问领域,他提出了"人生整体幸福度越高的人,创造力越强,工作能力也越强"的观点。

在以往的工作法中,人们认为"在工作中得到比他人更高的评价或更高的报酬"和幸福度有着密切的关系。但其实有研究表明,比起外界给予的评价和报酬,对于"自己能感受到的东西""自己内心涌现出的东西"感到满足的程度越高,就越能更好地工作，而且能在工作中得到更好的结果。

若看一下前野教授用因子分析这种方法导出的"幸福的四种因子"就能明白，幸福度越高的人，越能更好地平衡这四种因子。

第一种因子："试试看"因子（实现自我和成长）

"发挥自己的优势了吗？""能切实感受到自己的成长吗？"心怀期待，通过有价值的活动实现自我，通过挑战感受成长，这些事与幸福度的提升相关。

试试看！	联系和感谢
实现自我和成长	谢谢！
总会有办法的！	做你自己！
积极和乐观	特立独行

幸福的四种因子

资料来源：《提升动力的法则》

第二种因子:"谢谢"因子(联系和感谢)

"能让别人高兴吗?""有很多想要感谢的事吗?"等要素。在家庭、职场、身边的社区等之中,使别人高兴、被别人感谢、触及爱情等事与幸福度的提升相关。

第三种因子:"总会有办法的"因子(积极和乐观)

"你认为事情会按照设想去发展吗?""是不是太过纠结失败和不安了?"等要素。对事物一般很积极,有对自己的接纳能力。成功的时候自不必提,即使失败了,也能积极地面对,想着"下次肯定能做好""这是一次好的经验",这些与幸福度的提升相关。

第四种因子:"做你自己"因子(特立独行)

"在生活中没有把自己和别人做对比吗?""是否能在享受事物时不在意别人的眼光?"不把自己和周围人,以及很厉害的人做比较,保持自己的步调,这些与幸福度的提升相关。

如果把"幸福的四种因子"套用在工作中,按照下面这种态度对待工作的话,就能提高幸福度(图见第60页)。

突破以前的框架进行挑战,和"伙伴"一起向着相同的目标努力工作,对新工作也要乐观对待,每天可以切实感受哪怕一点点的成长。这样的工作法会给人带来莫大的幸福。

提高幸福度的工作态度

四种因子	提高幸福度的工作态度
第一种因子:"试试看"因子（实现自我和成长）	自己怀有期待，做有价值的事。挑战自己之前没做到的事。
第二种因子:"谢谢"因子（联系和感谢）	在感谢公司之外（客户或业务伙伴）和公司之内（上司和同事）的同时去工作。也为了得到他们的感谢而自发地努力工作。
第三种因子:"总会有办法的"因子（积极和乐观）	对于心里没底的、困难的工作也能以"总会有办法的"积极态度去应对。即使失败了也能马上反省，并且不沮丧、不烦恼，采取"还有下次呢"的积极态度。
第四种因子:"做你自己"因子（独立独行）	不用别人的标准和社会的标准去衡量自己。能通过与昨天的自己、过去的自己相比来实际体会到成长。

若只以金钱作为报酬（奖励）去吸引别人，即使吸引到了，其维持并发展人们意愿和能量的力量也会渐渐变小。

"东京商务人士疲劳实况"的网络调查结果表明，东京的商务人士中有八成表示"很疲劳"。其实，导致疲劳的并不仅仅是忙碌，我认为还有在工作中感受不到"幸福"这个原因。

最近，为了自主创业，甚至舍弃了之前在一流企业工作时得到的地位和报酬的人、在发展中国家等地方从零开始一点点创业的人、采用了这种工作法的人层出不穷。其原因是他们认为，比起做那些在物质层面"很优越"的工作,他们更想通过"工作法设计"得到更大的幸福。

请写出在四个领域中能使自己感到幸福的工作及工作法。

"战略性"地明确不想做的事

"工作法设计"也有"为人生制定战略"的意思。

"战略"这个词，原本是在战争中使用的词语，表示为了战胜敌人制订的长期计划。在商界也是如此，出于为了在竞争中获胜、吸引顾客这一考虑，"战略"这一思维也被纳入经营之中。

经营战略有各种各样的定义，不过我认为神户大学研究生院的三品和广教授的定义，应该能与今后的时代相符合。他把经营战略作为"提高幸福的计划"进行了如下定义：

"战略不是指与竞争公司间针对利益展开的相互竞争，而是创造新的市场交易，从而提高人们幸福度的规划。"

也就是说，战略指的不仅仅是在竞争中取胜，也是对如何创造新价值、如何造福人们进行的规划。

套用到人生战略上，也就是要思考自己想做的事、思考自己是否能为幸福生活而创造价值，并能为提高多数人的幸福而做出贡献。

"为人生制定战略"也就是从这个角度设计工作法的意思。

因此，"工作法设计"中重要的不是思考"必须做"自己的工作，而是思考"怎样才能快乐、幸福"。不管怎么说，"如何工作"与"怎样才能快乐地度过人生、幸福地生活"是同样的含义。再多说一点，把"工作"和"娱乐"（快乐）放在一起思考才是理想的。

在人生中设计工作法，就是要思考自己想要过怎样的生活。

过怎样的人生，自己才会感到有干劲儿？在人生行将结束之时，自己能否感叹"不虚此行"呢？所谓人生设计，就是设计出能按照这样的计划进行的人生。

同时，为人生制定战略时，也需要"明确不做什么"。

我在美国时，学习到了他们在推进某项事物时，要明确制定出"Do's & Don'ts"，也就是所说的"想要做的事情清单"和"不想做的事情清单"的习惯。但在日本，多数人只是制定出了"To do"，即"想要做的事情清单"。

无论有多少"要做的事""想做的事"，如果时间和精力被本不应该做的事情夺走，那么即使费时费力制定了清单，到最后也是什么都做不了。该放弃什么、该集中做什么、在什么事情上面花费时间和精力，能够明确这些的人，就能有效地实践自己设计的工作法，不让它成为空话。

反过来说，如果不战略性地考虑哪些是不想做的事，不把它们列成清单时常检查的话，我们的日常生活就会被这些不做也可以的事情扰乱。

明明有真正想做的事情，但是自己会不由自主地一会儿做这个，一会儿做那个。有这样习惯的人，设计工作法时推荐先从确定"不想做的事"开始。

"想要做的事情清单"和"不想做的事情清单"

想要做的事情清单	不想做的事情清单
·和最棒的伙伴一起工作	·每天都做同样的工作
·不断对周围的人产生良好影响	·每天都在同一个地方
·一边旅行一边工作	·与讨厌的人交往
·想通过博客赚钱	·业绩不达标时去请求别人帮忙
·买衣服时不看价格	·忙到失去了心灵上的从容
·去国外工作	·被他人的时间安排牵着鼻子走
·想和父母去旅行	·乘坐挤满人的电车上班
·环游世界一周	·每天都要看别人的脸色行事
·练习钢琴的独奏独唱	·不能享受和家人在一起的时间
·练习滑雪板	·为了书和音乐而勒紧腰包
·养狗	·身体不健康
·早睡早起	·假笑
…………	…………

请树立起"自我轴心"吧，以自己的判断标准去判断"我就是喜欢这个""就是不想做这个""从常识来讲最好不做""大多数人可能会选择这个吧"，等等。如果像这样用别人眼里的判断标准，也就是说"他人轴心"去判断事物，自己会越来越难受。

清楚地树立起自我轴心的人，可以在瞬间决断是喜欢还是讨厌，做还是不做，所以不会长时间处于烦恼当中。因此，为了做到这一点，第一步就是制定这些清单。

形成制定出"不想做的事情清单"的意识，并将其制定出来，定期进行修改。

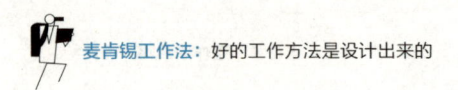

在麦肯锡公司学到的价值思考

自己在现在工作的地方能够创造出什么价值？在麦肯锡公司，就算你是个新人，也会被严肃地询问这个问题。那时，我的上司和前辈经常告诉我要"创造你自己的价值"（当时觉得很难受，但是现在对他们只有感激）。

如果你在说话和行动中出现了意识不到自己价值的表现，对方就会直言不讳地批评："你每小时的单价能达到这么高（的金额），但你创造出与之相符的价值了吗？"

就算只是一次会议，也不允许人们因为"这次的会议主题不是自己负责的领域"而消极被动地参加。如果是你的话，你怎么想？即使是个新人，也要能为周围的人提供新的视角和发现，这就成为参加会议的"价值"。

更有甚者，如果在场的还有经理或合伙人（管理层），不管他们是否愿意，也会被问到这个问题。当时他们每小时的单价是我的数倍以上。这样的人的1小时，是被浪费掉还是使其产生意义，都取决于其他成员能在多大程度上产出价值。

在麦肯锡公司，为了使人意识到自己的价值，员工们经常被提醒"要拥有自己的一席之地"。在现在所处的地方，对于被安排的任务，自己会有什么样的"预测"，能够用什么样的属于自己的独特视角来进行洞察呢？紧紧抓住这些信息，表达出自己的意见，就会慢慢拥有自己的一席之地。

我有一个朋友，他为自己创造了独一无二的位置，即"运用阴阳五行论的经营顾问"。他也是一个提供自己独特价值的良好范例。

仅仅是自称"经营顾问"的人有很多，但他的独特在于一边钻研最新的营销和战略思考，一边又能够针对经营者的烦恼从被称作"帝王学"的阴阳五行论的角度进行建议。在进行艰难的经营决断时，他可能会向对方提出乍一看会有损失、会违背常识的建议，但经营者们听了之后都会一拍大腿，恍然大悟地说："原来如此！"现在，仅凭顾客的口口相传，他就可以接到很多为经营者提供顾问的生意。

像这样通过提供与他人不同的技能和经验，就可以获得独特的位置，进而就能够创造出别人无法创造的价值。

磨炼与他人不同的技能，提供自己的价值。

通过"蓝海战略"实现指名聘用

进行"工作法设计"的目标是实现指名聘用。即使你做着"复业",但如果仅仅是与别人做着同样的事,也不能在与同样从事"复业"的人的竞争中获胜。

在"工作法3.0"时代,目标并不是在"竞争"中获胜,而是身怀只有自己能够创造的价值,从而实现"指名聘用"。

为了实现"指名聘用",要将自己所拥有的东西战略性地灵活运用。

比如在这10年左右,有越来越多的人在打扫、洗涤、整理等所谓的"家务"世界中实践着自己的"工作法设计"。

特别是在家庭主妇中,越来越多的人开始考虑,如何利用那些本来是自己为了提高效率、提高生活质量而琢磨出的家务技能和技巧,使其能够在社会上得到灵活运用,并以此获得报酬及收获内心的喜悦。

话虽如此，但如果只是以一个家庭主妇的身份掌握了做家务的技能，是无法在众多竞争对手中脱颖而出、实现指名聘用的。所以在这一点上，必须通过战略性地做乘法来把自己和别人区分开。

有过育儿经验的人，便可通过"收拾×育儿"的角度，琢磨出"有孩子也将房间收拾整洁的诀窍"。若是一直在父母家里收拾房间的人，就可以从"收拾×生前整理"的角度出发，思考"对于整理父母的房间感到苦恼或想要进行生前整理的人的整理诀窍"，从而实现让自己脱颖而出，成为这一领域的专家。如此一来，就距在无数的家务顾问中实现指名聘用更进一步了。

我身边就有一位我认识的女性，通过"和吉田一起收纳整理"这个名号，在主妇的群体中拉近了距离，并作为一名整理收纳顾问吸引了很多客户。

之后，若再在相应年龄段和地区中做出特色，就更加容易找到自己的位置了。

若与别人在那些大家都做的事情中展开竞争，就相当于在"红海"（血流成河的红色海洋，借指竞争相当激烈的市场）中战斗，那里已经有很多的竞争者在进行着激烈的竞争。

但另一方面，若把自己的整理技巧和育儿经验、谈话技巧等一起综合运用，就能发现一片"蓝海"（有潜在的需求，几乎没有竞争对手的市场）了。

例如，很受欢迎的商品"I-Lohas"矿泉水，生产商在宣传其产地和功能的同时，还以"环保"为卖点，使用易回收利用的塑料瓶和自动捐赠的机制，通过宣传"喝水就是环保"，一下子就打开了市场，提高了市场占有率。

这就是因为该公司没有与众多竞争产地和功能的公司相纠缠，从红海中脱离了出来，转而选择了生态环境为卖点，发现了没有竞争对手的"蓝海策略"。

另外，也有婚姻介绍机构运用独特战略发展了业务的事例。一家名为"虎婚"的婚姻介绍所，以喜爱动画和漫画的关注者们为目标客户，为他们提供有针对性的婚姻咨询服务。

婚姻介绍所虽然有很多，但因为该机构综合了"对动画和漫画感兴趣的人×婚姻介绍"这两个方面，所以吸引了很多客人在那里注册，并引起了关注。

寻找自己的那片"蓝海"时，并不是要像相扑一样和对手在同一个场地上竞争，而是要结合其他要素发挥作用。这个基本点无论在哪个领域都是一样的。

尽管如此，当进行培训或研讨时，也会遇到很多人说："我自己完全没有与众不同的技能。"对于这样的人，我一定会说："你肯定会有与众不同的地方。"并且事实也确实如此。

在某个研讨会上，有人对我说："我也就是喜欢读书，其他没有什么与众不同。"

但经过深入交谈得知,他已经读过1万本以上的书了。不仅如此,他还可以把比较难懂的书籍梳理出阅读脉络,使其变得更加简单易懂。

这个人已经把几十本大部头的商务类书籍进行了脉络梳理,于是我向他建议:"为没时间看书的经营者们梳理和解说那些很难的经营和营销知识,让这些知识能够应用到他们的工作中去。开一场实践性的读书会怎么样?"这就是通过综合利用"经营类专业书"和"脉络梳理"而产生的差别化效果。

于是,他以经营者为对象举办了商务学习会,成为众多经营者的老师,为他们提出对经营有帮助的点子,解决他们的烦恼。而他自己也在工作中如鱼得水,同时也成为一名受欢迎的研讨会讲师、顾问,大显身手。

虽然有时我们会难以发现自己的闪光点,意识不到能为别人创造价值,但若让别人从旁观的角度来审视一下,重新发现自己身上的闪光点也是常有的事情。

请专业人士或能干的人来观察自己的强项(自己有价值的技能)。

普通人活用专家的时代

今后将是一个普通人活用专家技能的时代。巧妙地活用具有远见的专家、专业培训师等的技能，成本就会大幅下降。

而且，就算一次要花1万日元，但只要想到这些投资是为了设计出未来那个"比现在更好的自己"，不就是件很有意义的事情吗？

这样的思考方式也是一种"战略性思考"。只拘泥于眼前的金钱和花费，并不能称之为战略。要战略性地思考做什么、不做什么、投资什么、不投资什么。所以，请站在宽广的视野上考虑一下吧。

经常有人会说"坐出租车太浪费了"，但那些花费也只不过是眼前的钱而已。

若把出租车当成一个"移动的专家"又会如何？比如，如果从事顾问工作,可以把移动的出租车直接变成一个"工作空间"。如果是步行或者坐公交车,想在途中打开电脑进行工作是很困难的。但如果是坐出租车,就可以实现一边工作一边出行,并且也不会有人群拥挤和奔波的疲劳,这应该是一举三得。

请像这样战略性地活用专家的技能和专业技术,从中提高自己的价值。

为了制定自己的战略而灵活运用专家技能,这也是一种战略。

"不知道的事"去"问知道的人",是一种战略

踏实工作的人总会觉得"自己做会更快",常会自己承担所有的工作。但是,在瞬息万变的时代,各个领域都在不断出现新的知识。如果自己什么都想做,反而会浪费时间。这样的事例有很多。

我在麦肯锡公司工作期间,别人常常告诉我"不懂的事、不知道的事,都去问知道的人吧"。也许你会想,顾问应该会自己去调查相关信息吧?但对于自己缺乏经验的事情、全新领域的事情,去理解、吸收新知识时,无论如何都会很花费时间。

当然,自己什么都不调查,直接要求别人"教我一下"的态度是行不通的。自己先调查一下,在理解了大体情况的基础上再去问别人"这样理解对吗?""这个地方我不太理解,请教教我好吗?""到这里为止我都明白了,后面的部分能教我一下吗?"像这

样，给别人提出具体的问题，从而找出思路。

另外，人擅长的工作是因人而异的。有的人擅长与客户建立联系，从而争取到业务；有的人擅长在人前讲话；也有的人擅长写出易懂且具有说服力的文章……为了将自己的时间用在最具价值的地方，要意识到自己擅长的领域。不擅长的事情就都交给擅长的人吧，但这当然不是要你做甩手掌柜，而是与各领域的专家们一起各自发挥自己的作用。在工作中整合彼此擅长的领域，产生的价值会远远大于一个人孤军奋战。

例如，一个擅长写网络文章的人，一个擅长设计制作网页的人，再加一个善于运作提高网站点击率的人，这三个人若成立一个网络营销公司，而公司的销量又确实大幅提高了的话，那么这三个人的组合就发挥了巨大的价值。这样就会吸引来很多想要提高商品销售额和服务的公司成为自己的客户。

只有意识到自己的价值，才能有效利用那些价值高于自己的人，于是产生的综合价值就会更高。应该充分利用那些节省下来的资源（时间和劳力），努力提高产生的价值。

审视一下"自己做什么才最有价值"，然后在那件事上集中投入资源。

向冰淇淋达人学习，把兴趣转化为金钱的方法

沉迷于某事而忘记时间，在某件事上能做到别人做不到的程度，这和"指名聘用"有着很大关联。

有一位冰淇淋评论家叫"冰淇淋达人福留"。他很喜欢那些普通便利店卖的冰淇淋，一年大约会吃1000个（种类）。听说他把吃过的冰淇淋的包装全都保存下来了（他的肠胃比别人要虚弱，似乎这让他很苦恼）。

他从很久以前就在想象："在冰淇淋界要是有个像调酒师一样的'专家'就好了，一边听着他的讲解，一边吃冰淇淋，一定会觉得很开心、很好吃吧。"那样的人当然是没有的，所以他决定："那就自己来当那个人吧。"于是在某一天，他以"便利店冰淇淋评论家"的名字，创办了便利店冰淇淋的信息网站——"便利店冰淇淋"，并得到了媒体的关注。现在，他已经成立起一个一般社

团法人，叫作日本冰淇淋迷协会。

后来，他收到了电视节目组、关注者，以及推广商品的综艺节目组的演出邀请，还和点心制造厂家一起从事着冰淇淋产品的开发。

冰淇淋达人福留先生曾经换过好几次工作，他做过卡车司机和程序员，但根本没考虑过自己会去从事和便利店冰淇淋相关的工作。

在此之前，他战略性地为自己设计了一个好像存在但其实并不存在的形象，而正是由此开始，他才能通过便利店冰淇淋实现指名聘用。

他在一篇《卡车司机通过IT创业，不知不觉成为冰淇淋评论家的故事》的报道中写道："人生会根据时间投入在什么事情上、投入多少而发生改变。"在这里我稍微引用一下吧。

我从早到晚都只做与冰淇淋相关的事情。

如果每天都这样，持续好几年的话，那我当然比谁都了解冰淇淋。

因为我在大家工作的时候，也只做着有关冰淇淋的工作……

总之，现在每天都是与冰淇淋打交道的日子。

这是兴趣，还是工作？

嗯，我也算是把冰淇淋当成了工作。

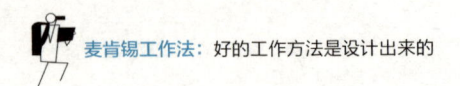

如果是靠自己的专业领域去生存，就需要相应的态度。

而我自己也决定，就算没有人读这些文字，就算没有这个网站，我也要为自己认真地把这些写（记录）下来。

当我偶尔发现任何人（甚至制造商）都没有发现过的信息时，就会激动到起鸡皮疙瘩。

对我来说，冰淇淋可能是超出了我的工作和兴趣、令我为之倾注人生的事业吧。

出自"冰淇淋达人福留的便利店冰淇淋"

这样的例子在各个领域都有。他们的动机非常单纯，就是因为"自己做这件事时很开心"，而不是和别人去竞争或比较，只是不断追求着自己喜欢的事而已。

即使被周围的人认为是"宅男"，也不要仅仅停留在自己的爱好中，而要通过它使自己的世界变得更广阔。这样就能凭借那些想做的事情获得收入，从而更加享受人生。

钻研自己喜欢得无法自拔的事，努力做到"无人能敌的NO.1"，然后进行宣传。

存在公司以外的团体吗?

前文已经说过,工作法在从第一步过渡到第二步和第三步时,"相辅相成、联系、团体、多样性"是非常重要的。不仅仅要发挥自己的可能性,还要发挥出更大的可能性,这和别人一起齐心协力也是很重要的。

创建一个不受公司等组织约束的团体,或者通过参加团体活动发挥自己的优势,为团体贡献力量。如此一来,产出的影响力会远高于自己单打独斗。

这种例子已经有了。在那些不被组织和自己的框架束缚、凭着纯粹的喜欢做事的人当中,有些人拥有自己独有的团体。

比如,有的女性具有结合精神层面进行咨询的技巧,并能使其发挥出自身的独特价值。她们通过博客等拥有了数万关注者(会员),这样的事情并不少见。她们在各地进行演讲和研讨会时，来参加的人多的时候能达到数千人。并且，因为她们有着这样的关注者基础，出版社也会与她们联络出版事宜。

即使如此，这样的人在全国范围内也不是多数。但她们以自己的团体为中心，形成了一个小型经济圈。

这个经济圈和以往的经济圈有所不同，它并不一定广泛和有名。它通过建立一个"知道的人自然知道"的聚集着核心关注者的团体，从而进行"工作法设计"，这也是这个时代的有趣之处。当然，若类似堀江贵文、落合阳一等知名度高的人也能加入进来的话，该经济圈也会进一步扩大。

事实上，以堀江贵文为核心的这些团体已经不仅仅是他本人在创造价值了。同伴们聚集在这个团体中，相互产生共鸣、相互激动，从而打造出了独特的新项目和创新点。他们并非像在公司中一样接受谁的指示，也不是为了追求什么奖励，仅仅是出于"因为想做""因为有意思"等十分单纯的动机，但又切实从中获得了经济收益。

到了网络和智能手机的时代，建立一个团体变得很容易，网上和现实中都增加了很多新的团体。果然，人类还是一种独自生活便感受不到意义和快乐的生物。若没有特殊情况，人们还是希望从属于某一团体的。

以前，终身雇用的公司或组织承担起了这个团体的角色。但是在这样的社会团体中，并没有"做自己喜欢的事情"的自由。

就像这样，现在以自己"因为想做""因为有趣"的意愿为中心而建立起来的团体，其好的地方应该就在于即使不是百分之百投身其中，也能满足各人在不同情况下的需求。

能否战略性地把这样的团体应用到自己的人生和工作法中去呢？不是那些现有的爱好团体、地区团体等层面的团体，而是能帮自己和周围创造价值的团体，能做自己想做的事、能实现成果共享的团体。若能建立起这样的团体，那么仅凭这一点就能不断增加人生的丰富性。

如果有自己喜欢的团体，就去参加；没有的话，就试着成立一个吧。

| 第 三 章 |

实现工作法
战略必须掌握的
10种能力

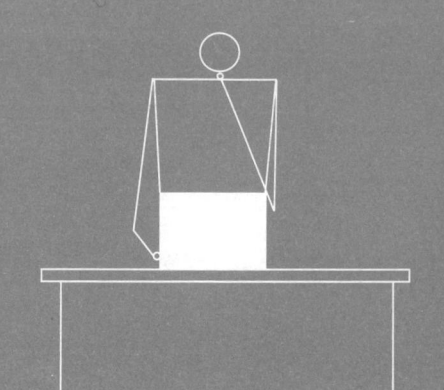

新精英所拥有的"对周围人也有助益的力量"

在今后的时代里,每个人都会设计出自己的工作法,所以就需要拥有和以前那些被称为精英的人不同的能力、技能、资质。

谷歌的彼得·费利克斯·格日瓦奇(Piotr Feliks Grzywacz)先生在他的著作《谷歌式新精英:创造新价值改变世界的人们》中将具备这样能力的人称为"新精英"。他们的共同之处在于不仅拥有"仅仅为了自己的力量",还具备了"对周围人也有助益的力量"。

这个能力的代表就是"解决问题的能力"。究其原因,是因为我们经常会烦恼。即使到了网络发达、什么都能查到的时代,烦恼这个东西也是不会消失的。

其实,人们的很多烦恼都是由于信息和选项不断增加,而对

"这是不是对的呢""这个信息能相信吗""还有没有其他好的选项呢"等问题的烦恼。或者,因为人与人之间的关系变得复杂多样,所以也会产生新的烦恼。过去的时代并没有网上的诽谤、中伤等行为,但现在只要想查,连个人信息也能立刻被搜索出来,并泄露到全世界。

在这样的情况下,如果有一个能够解决烦恼和问题的人在身边,仅是这一点就能让压力减少,幸福度也会提升。

这里所说的烦恼和问题,不只是指那些比较严重的。

即使是日常生活中的小烦恼(欲求),比如"偶尔想吃点什么与众不同的东西"等,若有个能运用自己"喜欢的事"来解决这些烦恼的人,大家都会感到开心。

实际上,在食品领域已经出现了一种网上平台服务,在这里可以让"想为别人做饭的人——厨师"和"想在很多地方和别人吃很多美食的人——游客"相互进行联系。这种服务源于日本,名为"Kitch Hike"。

除了"食物"这一谁都需要的东西,还有人会有"有没有人能为我做我不会的菜呢""我想在第一次来的地方和谁一起享受一下美食"这样的烦恼。现在产生的"零工经济"(通过网络联系零散的工作,以此形成一种经济形态)这种新的工作法,可以为解决这些烦恼提供机制和团体的支持,我觉得非常棒。

就像这个例子一样,建立一个能够解决很多人的烦恼的机制，或者建立一个很多人觉得"要是有个这样的东西就好了"的团体，这种建立团体的能力对于今后的时代有着重要的意义。

并且，这样的团体今后也需要吸引人才，引领新发展潮流、新动向的能力。

成立了亚洲轻井泽国际学校（ISAK）的小林玲先生等人也成为引领新动向的领导者。

他作为联合国职员被派遣到菲律宾，亲眼看到了那里贫困阶层的现状。他深深感到，要想让社会发生巨大的变化，领导阶层的教育是必不可少的。回国后，他经过七年的构想，于2014年成立了亚洲轻井泽国际学校。

亚洲轻井泽国际学校是日本首次批准的国际寄宿学校。大约七成的学生是海外来的留学生，授课全部使用英语，老师有九成是外国人。在这样具有多样性的环境中，该学校以培养能够引领日本、亚太地区，甚至全球社会变革的领袖作为教育理念。

传统教育培养出来的并不是能把1变成10、10变成100的人才，而是"能把0变成1"的能力。而小林玲先生自己恰恰是这种能力的身体力行者，他成为一个聚集、培养今后时代中不可缺少的人才的领导者。

领导者与跟随者并无优劣

当然,并不是每一个人都必须成为引领潮流的领导者。

之所以这么说,是因为即使有些人拥有解决问题的能力,既成立了团体,又有引领潮流的能力,但仅凭那些人并不能成气候。想要实际行动、继续提高影响力,就必须有能与这些人产生共鸣、支持他们行动的跟随者。

若觉得某个人"好厉害""想和这个人一起做事",那么作为他的跟随者彻底支持他的事业,对发挥自己的强项、技能也有着很大意义。

并不是每个人都需要有把0变成1的能力。在从0变成1的过程中,自己也参与进去,并享受该过程中产生新事物的乐趣,也是很了不起的"工作法设计"。

自己究竟属于能够引领潮流的领导者,还是支持潮流的跟随者呢?重新审视一下自己吧。

"工作法设计"的10种能力

无论自己是处于领导地位，还是作为支持者奉献着力量，想要战略性地设计工作法的人，需要提高的能力都是通用的。

做自己想做的事情，为自己和周围的人创造新的价值，并享受这个过程。要实现这种工作法，以下的能力是必不可少的。

1. 调查背景的能力

你有没有对某个问题囫囵吞枣、不进行调查和思考直接去行动的经历呢？

这个要解决的问题为什么会成为一个问题？从这个角度进行思考，弄清问题产生的背景再去行动，就能提高行动效率和效果。

例如，看到现在流行"创意餐厅"，于是自己也考虑推出一个新的创意餐厅。为了吸引更多的客人到店里，就开始思考"如何做广告才能吸引更多客人"这个问题。但若只是研究广告的话，这个店有很大可能会持续不了多久。

原因如下：

·你所在的地区真的很流行这种创意餐厅吗（与其他类型的店铺进行比较研究了吗）？

·创意餐厅很流行，那么流行的主要原因是什么？只是因为它新奇吗？还是它真的有能吸引很多人的原因？

·自己的店和其他店不一样（能够获胜）的要素是什么？

·客人有没有可能吃腻了自己店里的美食？如果吃腻了，店里要怎样推陈出新呢？

·真的有开店的必要吗？关于这种创意美食，即使不开店，你可以做的事情还有出售自己拿手的菜式，教授创意美食的做法，为其他店推荐菜单，等等。仔细想想：自己最想做的究竟是什么？

诸如此类，如果不事先认真研究"必要性"，就算辛辛苦苦开了店，其结果也很可能演变为因出现赤字而倒闭的结局。

那么，平时应该注意什么样的事情呢？

比如，要开发新商品和新服务时，上司指示说："目标是20~30岁出头的职场女性，为了确立这个宣传战略，你先去做个问卷调查吧。"

为了避免这个问卷设计碰壁，在制作之前，先按兵不动思考一下吧。

·目标为什么是20～30岁出头的职场女性？在其他年龄段的女性和男性中不能畅销吗？

·确立这个宣传战略为什么要采取问卷调查的方法？采访调查、小测试等其他的方法不可以吗？

这些问题应该都先向上司确认，如果出于什么原因无法确认，请自己先试着假设并预想一下答案。事先稍稍花费些时间确认这些事，能够避免对目标受众的定位不准确、效率低下等风险。

此外，还需要考虑上司做出这个指示的原因、背景。面向年轻女性开发的这个新商品和服务，在其他年龄段的女性或男性中是否真的不会畅销？营销部门是依据什么理由把目标设定为"20～30岁出头的职场女性"的？如果不事先对这些问题进行研究，很可能会错失大的商机。

洞悉自己周围的人际关系（力量制衡和人们的心情）的能力也很重要。

当经理宣布"我们要提高20%的销售额"时，先不要感情用事去顶撞他："这么高的目标根本做不到！"而是要把目光转向事情发生的背景上。于是你可能就会知道，实际上经理是被自己的上司，也就是部长和董事命令要"提高30%的销售额"。但为了避免目标制定得过高，也为了保护部门成员，经理努力争取使目标降到20%，这样的情况也是有的。所以，当你了解背景后，你眼里的经理就会完全不一样了。

这个人为什么会说这样的话？当有人对你提出了乍一看很不讲理的要求时，请先试着洞悉一下对方的意图和事情的背景吧。

调查背景的能力在更加广泛的领域中也很重要。洞悉时代的发展动向和组织的方向性时，不要只着眼于眼前发生的现象，要抓住背后产生的原因，然后就能明白什么是真正该做的事了。

在专注于眼前商品开发的时间里，其实公司已经开始出现资金短缺而趋向倒闭了，而你没有注意到这些。这样一来，损失是无法挽回的。所以需要在把目光投向眼前的同时，用广阔的视野观察全局。

重要的是，在出现问题的时候经常思考"真的吗""这样可以吗"，要经常用合理的怀疑去审视事物。请养成一个习惯，那就是一旦有能静下心来的时间，就要在自己脑海中思考背景和原因。

要经常思考"真的吗""这样可以吗"，以及事物的背景和原因。

2.自我肯定的能力

在现在的时代中，很难有类似"如果这样做就会有这样的结果"的绝对正确的答案，直接套用过去的成功模式和技巧的情况越来越少了。

不过，要把不明确的地方全都搞清楚，在这期间可能会出现新的问题，或者错失商机，这都是不行的。这样的话，无论过多久都不会做出成绩。

因此，那些对自己有信心、以"要是我来做的话，总会有办法的"的积极态度去应对的人，才是强大的。

而这时需要的就是自我肯定的能力。

当新事物开始的时候，人们一定会产生类似"这样对吗""自己是不是在做没用的事啊"的不安。为了消除这种不安并向前迈进，就需要自我肯定的能力。如果有较强的自我肯定能力，就可以不过分在意周围的评价或竞争对手的动向，集中精力做应该做的事情。

为了提高自我肯定能力，首先请思考一下自己到目前为止的成功经验。

例如我有一个客户，他在20多岁时做过系统工程师。有一次他被提拔为需要两年时间才能完成的大规模开发项目的领导。从工程师、程序员算起，和项目相关的人员一共有100多人。管理项目时，所有的事情都是他第一次经历，所以其间产生了很多麻烦。后来，他总算理顺了所有事情，带领项目走向了成功。而这些经历也给了他很大的自信，"从那以后，即使是第一次做一些大型的、重要的项目，我也能以自信的态度应对，想着总会有办法的，因为我连那次艰难的项目开发都搞定了啊"。

"因为有过那次经历，所以走到了现在。"无论是谁，都有过这样的感受。

"努力学习，进入了自己向往的大学""在运动会上取得了好成绩""在刻苦努力的过程中得到了周围人的认可"。无论是什么样的经历，都完全没有必要和别人比较，所以请一定写出几件这样的事吧。

另外，"遵守和自己的约定"这样的成功体验的积累，也能提高自我肯定能力。比如："下决心不赖床，于是早上7点起来了。""决心在上午做完的工作，到了中午正好都做完了。""不三天打鱼两天晒网，坚持肌肉训练。"类似这样的事情就可以。稍稍踮起脚去挑战够不着的事，成功经验积累得越多，你的自我肯定能力就越强。

虽说如此，在进行"工作法设计"之后去挑战新事物的过程中，当然也会出现丧失自信或者意志消沉的情况。

这个时候，即使安慰自己"不要丧失自信""不要失落"也是很难的。所以，重要的是当事情发生时，要有能够找回自己的机制和环境。

比如，向你推荐一个可以向他坦诚诉说自己现状、没有直接利害关系的导师一样的人。人们将自己心中积攒的情绪等向外表露，哪怕只是倾诉，也能让自己感到神清气爽。

而那个导师，可以跳出自己的圈子，选择一个和自己完全不同的人。为了能结识这样的导师，除了自己平时的圈子（擅长区域），也要积极地去接触其他圈子。

然后去向导师倾诉的话，对方就能从他自己的角度，客观地指出你容易因什么而陷入失落，这样一来也比较容易制定对策。

回想自己的成功经历，并不断积累成功的经验。推荐找到一个导师。

3."宅"的能力

持续做自己喜欢的事，从而引起很多人的共鸣，并创造价值。这样一来，自己的经验和知识就会得到积累，在到达某个阶段后，就容易产生出巨大的价值。

拿我自己的例子来说，其实我在初中、高中的时候非常喜欢"宅"在家里读书。我读过很多类型的书，曾经有段时间，我迷上了《禾林言情小说》系列（由加拿大禾林出版社出版的恋爱小说）。当时，我几乎把全部的零用钱都用在了买书和看书上，一共买了1000本左右。

那时每个月出版的新书在10本左右。通过不断阅读，我发现不同作者有着不同的写作模式。有的是纯粹坦率、不拐弯抹角的大团圆结局，有的是稍微错综复杂、迂回曲折的故事，还有很多种恋爱作品的模式。在读过几本之后，就能清楚地分辨出哪些是自己喜欢的模式，哪些不是。

在这一过程之中，我想，如果能面向同样喜欢《禾林言情小说》系列的读者，为他们提供书籍选择信息，比如"如果你喜欢这种模式的话，那么这个作家的作品读起来是挺有意思的"之类的信息，他们就能很容易地从发行的大量的书中选择自己喜欢的书了，但当时并没有这种方法。如果放到现在，通过博客或SNS等途径，无论多少信息都可以免费发布。而你喜欢的这件事，很有可能就会带来商机。

从我自身的例子来看，只是偶然因为我喜欢读恋爱小说，所以拿这个举例。但是无论在哪个领域，都存在着不同的个人好恶。而像电影、葡萄酒等这种偏好性强的东西，就更会有明显的好恶倾向了。

前面讲了冰淇淋达人福留先生的故事，这是一个很典型的例子。其实每个人都会有"虽然新冰淇淋看起来不错，但如果买来后和想象中不一样，就很郁闷了"这样的潜在想法。所以，如果能像侍酒师一样为别人提供推荐信息，比如"你要是喜欢这一种的话，那我推荐你试试这个"，那么自己出于喜爱而一直做着的事情，就能产生新的价值，并可以为别人提供价值。

再介绍一位因为追求自己喜欢的事而取得了成功的人吧。

他就是夜景评论家、夜景设计师、灯光展示设计师、夜景观光会议服务代表、夜景领域专家——丸田基雄（Marumaru Motoo）先生。

他是世界上第一个"夜景评论家"，也是夜景观光的领导者。他建立了从旅游学、景观学、色彩心理学等观点来评论夜景魅力的具有独创性的"夜景学"。他常接受来自展望台、主题公园、酒店、餐厅和其他地区以及旅游机构的委托，从事着以夜景为主题的活动策划、产品开发制作和顾问等广泛的商业活动。可以说是一个夜景爱好者升级为商业活动策划、并不断发展的优秀例子吧。

对于自己喜爱的事情感觉不到苦和累，能坚持做下去。从中积累的经验和知识是否能用于商业呢？这样的思考，也是设计工作法时需要的视角。

即使是戏耍的性质，也要思考一下自己坚持做的事情能不能给别人带来快乐。

4. 起跑能力

这和自我肯定能力有相通之处，越是能在某事上做出结果的人行动会越快。机会来临时，他们会完胜那些犹豫不决的人，拥有在瞬间做出决断的能力。

在开始时就磨磨叽叽没有决断的话,好不容易涌现的热情就会冷掉,也许可能会被别人抢占先机。想法刚出现的时候是最有动力的时候,所以比起浪费时间、拖拖拉拉地做准备,还是果断地在开始时就迅速起跑才是正确的。

不要为没用的事情而烦恼,先试着去着手做一下,从实际产生的结果中就能获得改善的机会,从而知道这个东西是不是社会上必要的。

认真思考是很重要的,但是迷茫和思考是不一样的。

所谓思考,就是明确了自己应该考虑的对象和目标,并在头脑中整理、检查其需要的要素和过程。在"做什么""为了什么而做"的问题上含糊不清、单纯迷茫的状态,并不算是思考。

决定了对象和目标之后再好好考虑是"做"还是"不做",就会一下子明确。这样一来,起跑速度也会变快,也会随之相应地做出成果。

我有一位来培训的客户,她是一位40多岁的女性,在网购公司工作。她善于社交,并且善于召集人。无论是在生活中还是在网络上,她都有很多认识的人。有一次她来咨询我:"我想建立一个提供茶会、冥想、座谈会等的平台。"于是我建议她:"首先向有可以举办座谈会场地的朋友借一下场地吧,有了地点之后,就当是练手,试着举办一次茶会怎么样?"因为我觉得比起左思右想,先聚集起少数人试着举办一次活动,效率会比较高。后来,她的茶会受到了好评，于是步入正轨的时间也提前了，现在她已经能在周末举办一次10～20人的沙龙了。由此，她每天看起来都很开心。

像这样从力所能及的事情入手，一边改善，一边继续做下去，渐渐就能有眉目。

不要犹豫，总之先从力所能及的事情入手。

5. 休息能力

战略性地设计自己的工作法和维持健康的身心有着很大的关系。如果身心不健康，就无法做出满意的工作，自己想做的事也做不了。但我认为，不断积极创造健康的自己，会对自己的工作表现及人生品质产生影响。现在，有意识地去设计"健康"的人还是不多的。

这里所说的"健康"，可不只是指那些健康诊断书上没有标着"注意"的地方。保持身心和思维的清醒状态，不仅要拥有工作中必需的能量，也要能为周围的人带去能量。要想成为这样的人，就要有意识地去设计"健康"这件事。

为此最关键的就是"休息"。你可能会觉得有些意外，但是不擅长有效休息的职场人士是很多的。

"休息"本来是有两种形态，就是"静态休息"和"动态休息"。

静态休息：指身体不动弹的休息，比如睡觉。

动态休息：通过走路、瑜伽等有氧运动活动身体，让产生疲劳的乳酸顺利分解，尽快消除疲劳。

将这两种休息充分结合，才是真正意义上的有效的休息。

若是疲劳已经积攒到身体和大脑都发出抗议的程度，即使勉强拖着沉重的身体去健身房也是无法恢复精神的。这个时候，首先要进行让身体好好休息的"静态休息"。

相反，身体还没累到那个程度，但总觉得没有干劲、没有能量的时候，就要通过走路和瑜伽等"动态休息"来恢复身心状态。之后，大脑和身体都会再次活跃起来。

如果你也教授冥想，那么你就会明白，高质量的休息是多么重要。好好休息的人，可以用最少的付出获得最大的成果。那是因为在我们所有的活动中，大脑和神经系统的运作是必不可少的。如果你休息得好，大脑和神经细胞就会活跃起来，自然就能有效地展开工作。

正如"休息"这个词所表示的，休息也有"好好休息，调整呼吸"的目的。

自己平时都是怎样呼吸的，你应该注意过吧？

实际上，能进行高质量呼吸的人，大脑的功能也会变好，心灵和身体都能保持清爽。

大脑功能低下的原因之一是大脑不能很好地吸收氧气。若一直持续呼吸浅、呼吸不顺畅的状态，就不能充分向大脑输送氧气，大脑的功能也会下降。

尽管努力去思考，但头脑仍然不灵活，这可能是因为呼吸太浅，氧气无法充分传送到大脑的缘故。不仅如此，若压力等原因造成的呼吸浅的状态一直持续下去，也会对心理方面产生不好的影响。

偶尔会有呼吸很浅，而且急促到周围人都能听到他喘粗气的声音的人。有这种倾向的人往往不能冷静地思考，或者很容易对各种事情过度敏感。

在开始正式冥想后，我也感受到了呼吸的重要性。在冥想的过程中，因为做到了深深地、安静地呼吸，所以身心也就自然而然地清爽起来。

身心清爽的时候，好的点子也自然会浮现出来。当自己真正需要的信息出现在眼前的时候，瞬间就能抓住，不让它溜走。

要区分运用静态休息和动态休息，调整呼吸。

6. 回顾能力

在工作中虽然按照"PDCA（计划、执行、检查、改善）"的程序运作，但是关于自己的"生活法""工作法"，真正按照PDCA进行改善的人又有多少呢？

被称为"一流"的人们，都会在无意识中回顾自己，从而提高、改善自己的意识和行动。以那位有名的棒球运动员"一郎"为代表，这样的人每次站在击球位上，都会习惯性地重复PDCA（这个击球位的目标是什么，目标如何执行，检查目标是否完成，制订必要的改善方案）的过程。他们反复进行着回顾和改良，无论是好的结果还是坏的结果，都不被它所左右。

即使是好的结果，也不被它牵着鼻子走。虽然听着会有些不可思议，但如果因为是个好结果就疏忽大意，就会陷入对手的"下次再收拾你"的圈套之中。不要对每次的结果或喜或忧，也不要疏忽大意或过度消沉。时常保持一颗平常心的秘诀就在于此。

当你觉得很难客观地回顾自己时，可以从周围的人那里寻求关于自己行为的反馈。若只有自己一个人，也能发现一些不知不觉疏忽掉的东西。另外，也建议定期记录一下自己的行动。从自己记的"工作法设计"中，发现自己什么做得好、什么做得还不够、哪里需要改善等。经常翻看笔记，这些问题就会浮现出来。

到自己能够下意识地做到为止，制定一个按照PDCA流程进行的程序。

7. 整合能力

今后的时代所必需的是"整合能力"。

要从完全的零创造出新的东西是很困难的：

第三章 实现工作法战略必须掌握的10种能力

- 从现有的东西中发现新的价值
- 通过至今没有过的组合创造新的价值
- 共享价值观，建立自己的团体和经济圈

诸如此类，发挥了整合能力的"工作法设计"也会变得容易起来。

现在受到世界瞩目的"comike"（漫画市场／"同人志"展销会）等，或许正是集结各自的能力创造出了一个市场的例子。既有的内容和物品都具有"御宅族"性质，但是又结合了狂热的追求和娱乐性，于是就整合出了新的价值。

把物品和物品、物品和服务组合起来，创造出新价值是一种整合能力。通过人和物品、人和服务、人和人的组合，协作引领出新潮流也是一种整合能力。

如果自己有创意，却没有实现创意的技能，那么把拥有技能的人吸收进来也是一种整合能力。

我有一位朋友在提出商业创意和计划上无人能敌。他有着非常敏锐出众的才能，天生就是做策划的人。可是他最不擅长写文章、不擅长运作申请页面等网络系统。所以，他与各个方面的专家建立起了良好的人际关系，根据自身需要，与写文章的专家及网络系统专家共同策划业务，并指导好几个项目走向了成功。

在这里，最重要的并非是从一开始就假定有新的合作形式，考虑"有没有什么新的组合形式",而是追求自己真正喜欢的东西。在这个过程中,与能和自己产生共鸣的人合作,这才是正确的态度。

因为这不是传统的商业思考,而是与内心深处的"喜欢的事"产生共鸣之后再开始进行的事,这样才能真正获得能量。

另外,最好不要觉得自己"喜欢"的事物"即使做了宣传也不会吸引别人"。如果真的是喜欢那个事物的人,一旦开始宣传那个事物时,就一定会对某个地方产生反应,这就是当今时代。

网络和SNS如此发达,正如它们的字面意思一样能够与全世界的人实时联系。无论在哪里发布什么样的信息,只要其内容有吸引力,就能交到同样喜欢它的朋友。

寻找一起做喜欢的事情的伙伴,并进行宣传。

8. 信用能力

为了在超越公司口碑和组织信用的层面进行"工作法设计",获得周围人的信赖是非常重要的。

在今后的时代,"信用"也与个人的价值直接相关。这个信用并不只是传统意义上的"这个人不说谎,所以可以信任"的意思,而是对这个人产生的价值的信任,会在各种场合中产生影响。

"把这份工作交给这个人就放心了。"

"这个人介绍的商品肯定没错。"

得到了这种信任的人,其商品和服务才会获得客人的支持。

由于各种信息过多,很多人对哪个信息是正确的、哪个信息可以相信,感到混乱和不安。

在这种状态下,若被称为"影响者"的有影响力的人在网上发布"这个不错噢",或者提供推荐的话,那么很多人都会蜂拥而来。比起信任这个物品本身,他们更加信任推荐者所具有的价值,所以才会无条件地追随。

比如被聘用为"ZOZOTOWN"电视广告的女演员吉冈里帆,用优衣库和GU的衣服玩转穿搭的辣妈读者、模特铃木裕子,她们都具有非凡的影响力,活跃在大众的视线中。对她们的生活方式和穿搭产生共鸣的女性们,都会争相模仿她们推荐的时尚事物。

当然,信用不是一朝一夕就能形成的。只有真诚地回应别人的期待才能形成这种信任。通过这样做,你也可以获得属于自己的一席之地。

把真心觉得好的东西传播给周围的人,回应别人的期待,以此培养信用能力。

9. "滚雪球"能力

在现代，有些简单易懂的需求并不会浮现到表面上，比如"如果有这样的东西就好了""如果这样的话就太好了"等。

正因如此，为了创造新的工作，不能一味等待变化和机会，而需要自己主动去创造影响的能力。

不需要一开始就有什么大动作，暂且把自己喜欢的事情、强项、探究的东西持续进行宣传。如果出现了读者或做出回应的人，就创建一个团体，在那里开展学习会和小范围合作，并把这个团体宣传出去。

通过这样的"滚雪球方式"把小的动作变成大的动作。当看到成功的人、完成了某件事的人时，自己就会不由自主地想搞一些大的动作。但是那些成功者，很多在最初也是从眼前力所能及的事情开始的。

在麦肯锡公司，我学会的驱动事物的原理、原则之一就是"在能控制的范围内活动"。不管有多么大的问题、多么大的理想，如果一直这样下去，事情仍然庞大到不知从何下手。这时候就要以"模块拆分与模块整合"（Chunk down & Chunk up）的思路去行动。

Chunk就是量词"块儿"的意思，也就是说，Chunk down（模块拆分）是将乍一看比较大的事情分成小块儿去进行。

比如，对一个一直在公司工作、从未做过副业的人来说，如果想在一年之内获得可以自由支配的100万日元的额外收入，最好不要一开始就去想"怎样才能赚到100万日元"，而是首先要思考"我喜欢的什么事能为别人创造价值""会产生多少钱（行情）的价值""怎样能在这个领域赚到1万日元""在那个领域已经取得成功的人是用什么方法做到的"，等等，把原本的问题进行细化分析。

这样一来，自己需要先思考的事情、调查的事情就变得具体起来。

比如，如果有人喜欢并擅长时尚搭配，并且总是被朋友称赞有品位的话，他就可以考虑一下能否把服饰搭配作为一种价值提供给别人。首先可以在博客上发布关于搭配的信息，在网上形成小型团体和沙龙。其中关于搭配意见，或许可以形成面向月费制会员、咨询者提供个别建议的服务形式。

通过这种模块整合（Chunk up）后，你也可以面向那些希望拥有良好形象的经营者，或者希望能够找到一个恋人的年轻人提供建议和服务，也可以成为一个传授他人如何挑选适合自己的衣服的线上造型师。

"抽象的大模块问题（想获得额外的100万日元）"→"复数的、具体的小模块问题"→"具体的大模块问题（面向个人的线上造型师）"。像这个过程一样以"模块拆分与模块整合"的方式进行，那么思考和事务就都会容易推进了。

就像堆雪人之前先滚雪球一样，从小的部分开始渐渐发展壮大。

10."变色龙"能力

有些人总是会被"做这件事会不会不开心""这样真的好吗"等不安所困扰。这些人的共同之处是所做的事情并非出自自身的"喜欢"，而是出于"不做的话心里会不安""因为大家都在做"这样的不安和焦虑。

之前已经说过了，并没有"这个是正确答案"这种绝对的判断。一年前正确的答案在一年后变得完全不同，这样的情况也并不少见。

正因如此，所以不能出于"大家都在做，自己不做的话会不安"的心理去开始某件事，而是应该更加纯粹地出于"因为开心""因为喜欢"这种心情。

即使被周围的人说这说那，但若真的是自己乐在其中，还是会吸引来很多人的。

而且，这样的人不会坚持己见，不会执拗于最初开始时的做法。所以，当感到"这样会更好"的时候，能够毫无抵触地去变换样式和做法。

他们的做法和想法都很灵活，也不对周围的人设置隔阂。正因如此，这样的人周围总是能聚集起新的人，吸收新信息，从而不断发展进化。

例如，从企业家到作家、投资家、演员，以及不断挑战新事物的堀江贵文，以及既是芥川奖的获得者，又是演员的多栖艺人又吉直树。他们没有拘泥于某一种职业，而是一直用最初的热情和兴趣追求着新的事物。

对于时刻都在变化的现代，这种变化之快才能成为一个人的优势。

就像变色龙一样，随着周围的景色变换自己身体的颜色，融入周围的环境中，进而捕获猎物。如果能乐于成为这样的自己，这个人就可以说是最强大的了。

灵活地改变自己的想法和方式，享受变化。

| 第 四 章 |

加速工作法设计的思考与行动

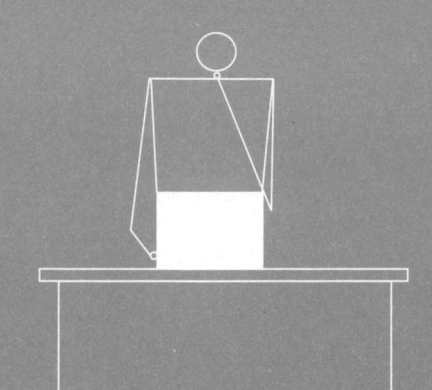

尽早着手，尽早失败

做一件新的事情、改变之前的做法时，无论是谁都会感到有些不安，可能并不会从一开始就进行得很顺利。并且，若连意识和工作法都要重新调整，那么对于这种不安和失败的恐惧也会更加强烈。

在这种情况下，最好的解决方法是"尽早着手，尽早失败"。

这样的说法可能会显得有些简单直接，但从逻辑思考的角度来看，依然是尽早失败比较好。事情从一开始就顺利的可能性很小，所以，如果在顺利进行之前需要不断试错的话，那么合理的逻辑就是尽早开始、多经历失败，这样才能渐渐走向成功。

大脑研究者池谷裕二老师在实验中也得出了很有趣的结论。他把几只老鼠放到迷宫里，并在终点放置了食物。结果发现，那些越早进入没有食物的死胡同中，或是在同一个地方转来转去的迷路过的老鼠,越能比其他老鼠更早发现最短路径。

而且,据说即使把这条最短路径堵上,那些积累了迷路经验的老鼠也能比其他老鼠更快找到通向终点的路径。

更有趣的是,越是能像这样高效地找到最短路径的老鼠,就越是不会局限于那条好不容易才找到的路线,而是偏要在其他路线上也绕几次。池谷老师认为,这样的行为恐怕是老鼠在思考"虽然现在过不去,但真正的捷径是不是还有其他路线"。因为经常感到"应该还有更好的路",所以才会一直转来转去吧。

也就是说,"失败是成功之母"这一说法在大脑科学上也是成立的。

比别人提前积累失败经验,这些经验绝不会成为无用之物。我也在自己得了癌症之后有了比之前更深刻的体会。那就是:不仅仅是经历失败,经历了挫折和痛苦也一样,你不仅会在精神上变得强大,思考能力和学习能力也会得到强化。

大家都很羡慕那些一开始就什么都能做得很好的精英,但他们并不一定能一直顺利下去。实际上,那些所有人都认为是精英的人,也会有因一次失败和挫折就一蹶不振,甚至陷入抑郁的事例。

我想告诉大家的是,正因为这个时代变化如此快,所以弥补失败的机会也有很多。这是一个"放弃就会输"的时代。无论失败得如何惨重、如何被不安所侵袭,只要不在摔倒的地方一蹶不振,而是努力改善、继续前进的话,就一定能找到让自己绽放光芒的机会。虽然自古以来人们常说不应害怕失败,但这不仅仅是因为"不要畏惧"失败,也因为失败是个更新自己的"拼劲儿"的机会。

即使是麦肯锡公司这样看上去很强大的企业,在个人的层面上,当然也会产生失败和不安。只不过,麦肯锡人并不会在失败和不安中一蹶不振,而是会思考"怎样才能让这次失败成为对今后有利的经验""从这次失败中能学到什么",这是他们的强项。

虽然我自己这么说,但我其实也是特别容易陷入烦恼的类型,经常会在发生什么事情的时候开始烦恼"该怎么办"。但是,正因为在麦肯锡公司和之后的职业生涯中学会了很多克服的方法,所以我能够迅速转变自己,冷静地处理眼前的事情。

不要犹豫,尽早着手,尽早失败,然后克服失败,继续前进。

"逻辑"可以克服失败和不安

在这里，我来讲几种克服不安的方法。

克服不安的方法一：写在笔记本上

对于对未来的不安，我总是会采取"记在笔记本上"的做法，我个人把这个笔记叫作"烦恼笔记"（图见第117页）。把自己现在烦恼、纠结的事情分条列举出来，稍微过一段时间之后再去看那些内容，然后把自己当作自己的导师，针对它们客观地写出建议。

像这样试着把烦恼写在笔记本上，往往会意外地发现，其实它们也没有想象中那么严重，于是心情就会变得轻松。

更具体地说，大多数情况下，都不会发生像你想象中那么糟糕的事情。即使真的发生了，如果试着在笔记本上写一下"就算这样，我只要还有什么和什么，就没关系""我还可以做什么事"，光是写出来，不安的心情就能够消除。

> 2018.6.xx
>
> - 这次的项目能否顺利进行?
>   → 之前也有过类似项目的经验,所以没问题!
> - 前几天批评了别人,会不会伤到对方呢?
>   → 对方没有我想的那么在意。
>   → 可能对方很感谢你提醒了他。
> - 每天早上跑步,很难坚持下去。
>   → 不要熬夜,提前30分钟睡觉。
>   → 把运动服放在枕边。
>   等等。

克服不安的方法二:和已经克服不安的人聊一聊

面临巨大的不安时,请一定去和已经克服这种不安的人聊一聊。如果这样的人能成为你的导师,就再没有比这更让人安心的事了。去多问几个人,如果他们能给你提出建议,你的不安就会烟消云散,也会涌现出挑战的意志。

需要注意的重要的一点是,向别人寻求建议时需要"因事择人"。并不是说随便一个人都可以去向他寻求建议。特别是那些没有挑战过自己的人,或没有克服过不安的人,他们可能会告诉你

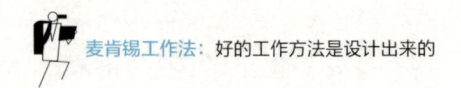

"那样很危险，还是不要做比较好""我觉得那件事不会顺利进行"。于是最后，你的干劲儿就会被消磨掉。

我自己也会在这个时候进行选择，比如需要讨论人际关系时就会选择这个人，需要寻求商业建议的时候就会选择那个人。像这样决定每个领域中的导师和寻求建议者，感到困惑或不安的时候，就可以去和他们商量。

克服不安的方法三：使用图表

为了弄清导致不安的原因，将烦恼图示化、图表化也是一个很好的方法。被某种"烦恼"所困扰而无法前进的时候，通过向人咨询，将烦恼体现到图表中，就会意识到自己的烦恼并不是"真正的问题"。

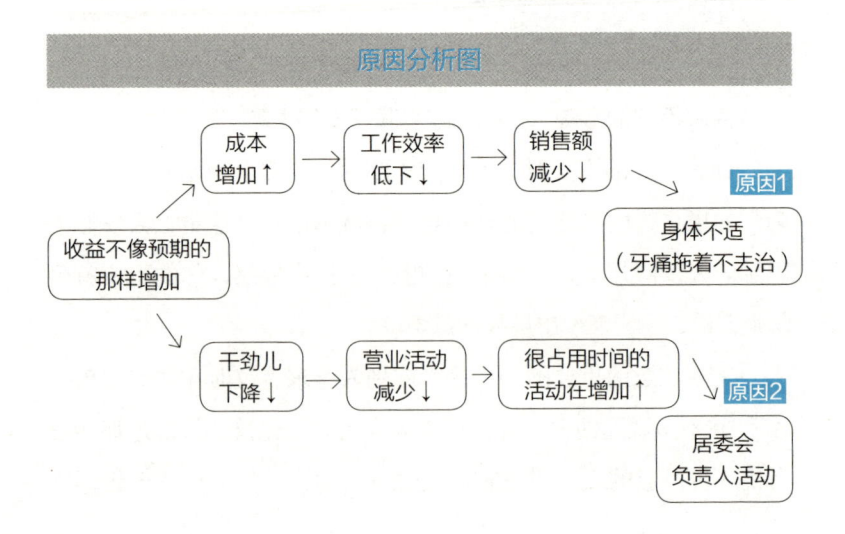

原因分析图

收益不像预期的那样增加 → 成本增加↑ → 工作效率低下↓ → 销售额减少↓ → **原因1** 身体不适（牙痛拖着不去治）

收益不像预期的那样增加 → 干劲儿下降↓ → 营业活动减少↓ → 很占用时间的活动在增加↑ → **原因2** 居委会负责人活动

第四章 加速工作法设计的思考与行动

对于眼前出现的问题，使用图表进行分析"为什么这个问题会出现在那里"，就一定能找到根本原因。之后再集中精力去解决那个问题，那些微不足道的烦恼就都会消失。

在上图的例子中，假定收益无法增加的主要原因是：（1）"因拖着不去治牙疼而导致干劲儿下降"；（2）"因承担了居委会负责人活动而无法腾出时间进行营业活动"。那么，对于原因（1）的解决方案就是寻找可信赖的牙医，尽早开始治疗。对于原因（2），其解决方案为让其他人代替自己去承担居委会的相关活动，若行不通的话，就考虑去协商能不能减少相关活动的时间等。

从现在开始不再认为"做不到"，而只是"不知道怎么做"。

需要认识到的是，在当今时代中"基本上没有做不到的事"。有些事并非做不到，而只是"不知道怎么做"而已。即使是自己不知道的事、没做过的事，也一定在哪个地方有"知道怎么做的人"。

去请教这样的人，或者和这样的人一起组成团队，这些事在当今时代是很简单的。

比如，我想出了一个好点子，于是想做一个相关的手机APP（客户端软件）。这并不是"做不到"的。当然，我在开发APP的知识、技能和经验上是有不足的，但一定有人可以填补这种不足。所以，如果和这样的人组队合作，开发APP就变为可能。

实际上，我正在考虑开发一个能监测人的工作状态与休息必要性的APP，于是就找到了开发APP的专业团队，寻求他们的帮助。

即使是没有好点子的时候，若去问他人"这个问题能有什么办法解决吗"的话，一些擅长提出点子的人就会发现"这个问题其实是有这种解决方案的"。

即使是不擅长创造新东西、不擅长想出新点子的人，也可能会擅长发现别人的优点、乐于激发人们干劲，这就是他们的强项。这样一来，为了实现某个想法，把那个人作为带头人之一，一起开始一项新的事务也是可能的。

这时需要的就是在第三章中介绍的"整合能力"。

这种能力也可以说是自己如何灵活运用他人的知识、技能和经验的管理能力。这种管理不是传统的、固定的组织管理，而是突破组织框架、在不断变化、进化中的管理。

传统的管理是在规定的框架内进行的，其中心是如何最快、最有效地取得成果。当今时代所要求的管理，与这种传统的管理有着些许不同的含义。

把各个领域的人吸收进来、在自己的规划中巧妙地运用那些人的技能和强项、催生出好的创意的能力，以及让对方自主产生将工作意愿的权力下放的能力，这些都是包括在内的。让相关人员心怀期待的同时，切实推进事项走向成功，引领大家发挥本领，做出实绩的这种管理能力是很有必要的。

如果有这样的管理能力，就不会再有"做不到的事情"。吸收那些"知道怎么做的人"成为伙伴，那么力所能及的范围就会不断扩大。

一定会有能够做到的办法。发现周围人的强项，邀请他们加入合作团队。

消除等级思维

社会上"备受瞩目"的人或服务会不断出现。这样一来,我们的目光和注意力总会集中在这些聚光灯下的对象上,而这背后必然会有支持着这些事物的人或组织。

拿我身边的例子来说,以与商业相关的大众新闻和出版而闻名的"新闻精选×幻冬舍"就是一个例子。

"新闻精选"的佐佐木纪彦总编和创立了News Picks Book的幻冬舍编辑箕轮厚介一起从幕后走到台前,组成搭档。并且,支持着他们的人也是"新闻精选"的野村高文,以及幻冬舍的设乐悠介。

在这之前,幕后工作者并不会十分引人注目。但有意思的是,这两个人现在已经成为引人注目的存在了。

两人通过播音媒体"Voicy"开始了一档叫《包袱皮'叠布

人'广播》的节目,很受欢迎,名气大涨。无论是什么样的商业构想,都需要能灵活开动脑筋的"铺开包袱皮的人",以及将这个构想落到实处、实际调配预算和人员的"叠起包袱皮的人",两者缺一不可。在这之中,"叠起包袱皮的人"虽乍看上去并不显眼,但他们自己独特的工作法在事务的实际推进中很有参考价值,非常有意思。

越是引人注目的商务和服务,越考验其如何巧妙运用创意和资源。特别是当组织超过一定规模时,就更要让那些与这项商务没有直接接触,却有着间接利害关系的相关人员理解、认同。

在这种时候,既需要结合现实情况平衡双方,也需要做到不损失能量与热量的"巧妙折叠"技术。

我认为,"工作法设计"一旦展开,就会像《包袱皮'叠布人'广播》一样,提高人们对于那些以往不受关注的工作和群体的关注度,这其中又会产生新的商机。

像《包袱皮'叠布人'广播》这样的内容在与用户交流的时候,并不会去评判"这个人地位较高、这个人地位较低"。他们只会单纯地思考用户对内容是否感兴趣、是否感受到了节目的魅力。

在这个价值观呈现平面化、自由化的时代,工作与工作法的上下等级意义会逐渐消失。

不在意过去是台前还是幕后，主角还是配角，请追求自己喜欢的东西。

第四章　加速工作法设计的思考与行动

不被"擅长但不喜欢的事"牵着鼻子走

　　第126页的图是"喜欢的事和不喜欢的事""擅长的事和不擅长的事"的二维矩阵。图中展示了针对各个领域的策略。

　　这里想重点关注的是对"擅长但不喜欢的事"的处理。

　　因为比别人做得更好，所以这件事的好处是在短期内能赚钱、能早点出人头地。但若太过被这些所束缚的话，就会有意想不到的陷阱在等着你。因为如果继续做那些"擅长但不喜欢的事"，你的精力就会渐渐被削弱，就会有放弃自己真正喜欢的事的风险。

　　虽然某件事并非你的心头爱好，但由于你做得很好，于是周围人往往就会认为"这个人擅长这件事"。因此，如果他们托请你做这件事的话，你就会陷入难以拒绝的状况。

　　但是，在推进"工作法设计"的过程中，"擅长但不喜欢的

"喜欢的事"与"擅长的事"二维矩阵

	擅长的事	不擅长的事
喜欢的事	◎ 应该倾注全力去做，同时也要研究如何运用这件事	○ 不慌不忙，一点一点地努力
不喜欢的事	× 减少 停止	× 本来就不做

事"还是尽量不要做为好。好不容易做自己喜欢的事、擅长的事，无论什么时候，都应在做这件事中享受人生。如果被"不喜欢"的事占用了时间和精力，那就没有意义了。

说到底，还是应该专注于做"喜欢并擅长的事"，战略性地设计工作法。

但是在这个世界上，确实存在着一些"试着做了一下，没想到挺有意思""竟然很适合自己，并不会讨厌"的事。如果对某件事有偏见，那么当有机会的时候，请至少尝试一次吧。做过几次之后再判断是否喜欢、是否擅长也不迟。

特别是像上图中所示的"喜欢但不擅长"的矩阵中，如果发现了这样的事，请抽出一些空闲时间，慢慢地去做。如果慢慢取得了进步，这件事就能晋升为"喜欢且擅长的事"了，那自己力所能及的领域说不定会变得更大。

制作"喜欢"和"擅长"的矩阵，对于"擅长但不喜欢的事"，或停止，或减少。

逻辑会成为迷茫时的武器

无论是自己单独做某件事，还是与团队、团体一起做某件事，都会有陷入迷茫的时刻。

"这样就可以了吗？""这样真的没有问题了吗？""只有我一个人在浪费时间吗？"

陷入这种迷茫的时候，应该思考的并不是把责任归咎于谁，不要去想"哪里做错了""为什么行不通""这样的结果是谁造成的"。

这时应该做的是"回到原点"。有效的思考是能够回溯到一开始的问题，比如"我们本来想做什么，为什么要做这个"。

我在麦肯锡公司工作时，当陷入迷茫或事物走向与预期不一致时，我会反复问自己"所以呢"（So What）、"为什么"（Why so）这两个问题，然后把思路带回我们最初的目标上，回顾初心。

第四章　加速工作法设计的思考与行动

比如，在我陷入"想要开一家自己一直向往的沙龙，但辞掉工作的话又会很没有安全感"的烦恼时，我会反复问自己问题出现的原因是什么、问题的原点是什么。

"为了开沙龙就要辞掉工作，这让我有些害怕。"

↓

"为什么？"（Why so）

↓

"沙龙不一定会一开始就顺利进行，我担心会突然失去收入。"

↓

"为什么？"（Why so）

↓

"我认为公司的工作和沙龙不能同时兼顾。"

↓

"所以呢？"（So What）

↓

"即使如此，开一家沙龙仍是我多年以来的梦想，我想打造一家充满快乐的沙龙。"

↓

"为什么？"（Why so）

↓

"我从小就与父母和亲戚不太亲近,常因为周围没有可以依靠的人而感到寂寞。我想让那些和我一样的人找到一个属于自己的天地。"

↓

"所以呢?"(So What)

↓

"首先利用周末时间租一个场地,或许可以建立起离梦想很近的沙龙。"

这个例子是我实际做培训的例子。想兼顾两件事时,先从力所能及的地方开始,这样就算同时开沙龙也没问题了。这样建议那个客户之后,她的神色变得很轻松,于是开始准备开沙龙的事宜。

就像这样,把"你们一开始时究竟想怎么做"和"所以呢"(So What)这两个问题联系在一起,人自然就会涌出干劲儿。

陷入迷茫时,要不断问自己"所以呢"(So What)和"为什么"(Why so)。

不再"等有一天",要从"现在"做起

与其把时间用在烦恼上,还不如努力去做些什么,这是今后时代必要的思考方式和态度。之所以这么说,是因为当你因某件事陷入烦恼时,事情的状况可能会发生变化,或者又增添了新的元素进来。那么你原本烦恼的事情就会失去意义,这样的例子并不少见。

在麦肯锡公司,别人经常告诉我要有"PMA"(Positive Mental Attitude,积极的心态),即在任何情况下都要经常问自己"我能做什么",以积极向上的态度去面对,这是很重要的。在积极状态和消极状态下,看到的东西与想到的东西是有很大差别的。无论在什么情况下都要保持积极,把目前能做的事情继续做下去,那么你原来觉得不会有进展的事就会出现进展,你的视野也会变宽,这是常有的事情。

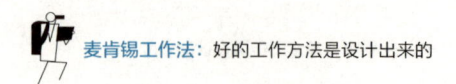

当自己去做了些什么后，无论产生的结果是积极的还是消极的，即使那结果再小，也会反馈回自己。然后，再基于这个结果考虑下一步的行动。

最重要的是在当今时代，采取行动所需的成本明显降低。

使用网络检索一下，便可免费得知很多信息，如匹配服务和代理服务这些之前较为昂贵的服务，现在有很多人可以低价提供。在网上找教授自己的人，或者找一位搭档，其成本也是低到无足挂齿的程度。

在烦恼的时候试着努力做些什么吧。这样一来，在短时间内得出一个反馈，然后就能简单地按照PDCA的流程操作了。所以请尝试一下吧，没有坏处。

即使是小事也没关系，要先马上尝试一下自己力所能及的事情。

新干线女孩的"不忍受"工作技巧

在工作与生活的界限消失、随时随地都能做"自己想做的事"的时代中,是不可以"忍受"工作的。

比起忍受,更重要的是去"享受"。

一说"享受工作",有人就会觉得"这个想法有点天真吧"。但事实上,工作的成果、工作法的满足程度与"享受工作"之间是相互关联的,它们都是很重要的因素。

有一位在东海道新干线工作的女孩叫德渕真利子,她的职务是车内销售事务长,她卖出了东海道新干线平均三倍的营业额。她在工作上取得了绝对领先的成果,很多职场人士都十分关注她的工作技巧,我想她之所以能做到如此,是因为她非常享受车内销售的工作。

除了掌握非常具有逻辑性的销售技巧之外,她自己释放出的"因为喜欢所以去做的这种精神""快乐地为人提供高质量服务的态度"也应该感染了很多乘客。

正因为她以自己的工作为天职、享受于琢磨工作技巧之中，并且在与形形色色的乘客相遇、交流中感到了幸福，人们才会不由自主地想从她那里买东西。比起从不和气的人那里购买，顾客会更想从给自己带来好心情的人那里购买。

如果她一边忍受一边工作的话，肯定不会成为被媒体关注的对象。

无论我们在哪里做着什么事（即使是你在读这本书的时候），如果有让你为之动心的事情的话，心情都会变得激动。

比如，若有一股好闻的花香扑鼻而来，你就会觉得"好香呀"，然后会把注意力转向这股香气。

这并不是生硬的道理，因为人被能让自己心情愉悦、感到舒服的东西所吸引是一件很自然的事情。

而忍受就是与这种自然背道而驰。因此，那些忍受着某件事的人在自己感到压力时就会想着逃离所忍受的事。

所谓设计了"工作法"的生活，就是要放弃这种本来就没有必要的忍受。无意识地继续忍受就无法发挥出自己真正的能力。忍受着不能"做自己"的生活，其实是一件危险的事情，它可能会让你失去自己本来的能力。

不去忍受，通过快乐工作吸引很多人。

第四章　加速工作法设计的思考与行动

解放束缚

你看过游乐园和马戏团里饲养的大象吗？

那些大象的腿上通常会拴着一把对于它们的腿来说显得十分细小的链锁，但是大象并不会挣脱逃走，因为那把锁是在它小时候就拴上了的。那时小象为了挣脱链锁而发狂，但由于力量不足而最终无法成功。于是不知不觉中，它就放弃了挣脱链锁这件事，即使成长为强壮的大象，它也会深信"这个锁是挣脱不掉的"。

如果把大象换成我们来思考，这个链锁就是限制我们思考和行动的"框架"。

我们小时候也或多或少被教过"不要出格比较好""应该和周围的人做同样的事""大家都能做到而只有自己做不到，这很奇怪，是因为努力不够"等。因为这样的教条，即使当我们成长为大人之后，也会不知不觉给自己画个框框，施加各种各样的限制。

拿我自身的情况来说，虽然父母都是普通人，但我祖父是一个打破常规的人。他常鼓励我"只要是喜欢的事情，无论是什么都去试一试吧，去做一下看看"。对于我"想看什么""想做一下什么"的要求，他几乎是无条件满足。

我上小学的时候曾对绳文陶器产生兴趣。于是祖父说"那咱们就去能够了解绳文人生活的博物馆看看吧"，然后就带我去了。如果我说想看历史上的古坟，他也会和我一起去那里转转。那时祖父完全不会去想这些事情是"对将来会有帮助的"或者"对将来没有帮助，还是别做了"之类的。只要我是单纯地被它们吸引、被兴趣驱使，他就会支持我的兴趣，陪我一起乐在其中。

正是得益于那些体验，才造就了我现在纯粹追求喜欢的事的宅男性格。

摒弃之前成为标准配置的键盘，对手机进行再创造的"iPhone"，或者面对面推销成为主流的保险界不再采用推销员、转而通过网上销售实现了成本大幅下降，并取得了巨大成功的"lifenet生命保险"公司等，他们都用突破了旧框架的东西改变了我们的生活。

因为现在是一个自由无边界化时代，无论做什么，无论以何种工作法去实现，首先要审视一下自己是否给自己上了一把锁，是否在无意识地限制着自己什么,然后使用"做起来开心的事"产生的能量去走接下来的路吧。

对自己做着开心的事按下暂停键,"等一下,让我再想想"的这种思想才是不可靠的。

真正的顾客主义会提升你的价值

说到"顾客至上主义",这个词可能会显得有些老掉牙。在麦肯锡公司学到的"客户第一主义"(Client Interest First),是一种更加实际的、能同时提升个人价值的思考方式。

比如,客户说"我遇到了这样的困难"的时候,如果只是单纯地想要凭借从客户听来的内容去开展工作的话,就会被经理严厉批评。

"真的是这样吗?""究竟是谁,陷入了什么样的烦恼?"

于是我们会对客户进行实地探访,有时会和客户近距离接触几天,直到自己能亲身感受到、理解到客户"陷入了什么样的困难之中""究竟为什么受困扰",等等。然后,客户也会找到解决棘手问题的方法。最后,我们会作为顾问受到客户的好评,自身的价值也会上升。

第四章 加速工作法设计的思考与行动

"从顾客的意见中诞生的商品"会面世并不是件稀奇事,并且在今后的时代,在这一基础上产生的更高一级的"与顾客一起创造的商品或服务"会成为自然而然的事情。

比如,札幌啤酒的"百人啤酒实验室"是一个由啤酒爱好者组成的团体,厂家与1.2万名爱好者一起开发的"百人奇迹"啤酒,就是与顾客一起创造商品的例子。

正因为这个时代是一个突破组织框架、自己进行工作的时代,"客户第一主义"才会成为一件重要的事。

商品和服务的开发本来就是为了解决客户的问题。从客户的个别问题切入进去,继而开发出能完美契合客户需求、解决其问题的商品和服务,这其中应当有提供对等服务的态度。

自己提供的商品和服务真的能解决客户的问题吗?那真的是最佳解决方案吗?请再严格地审视一下吧。正因为在当今时代中,新生事物的成本无限趋近于零,通过各种各样的网络渠道与客户进行真正意义上的一对一交流已成为可能,所以真正的"客户第一主义"才成为必要。

要彻底思考一下自己的商品和服务到底能不能解决顾客的需要。

向"差不多就行了"的街边小酒馆学习

不以"完美"为目标,这一点也会成为未来时代中必要的思考和行动准则。若从一开始就力求方方面面的完美,就会不自觉地去和周围人进行比较、强化那些自己做不到的地方,从而陷入要超过别人的"竞争"之中。

但是,一旦从追求完美中摆脱出来,就会发现自己的可能性变大了,从中可以发现无数的蓝海。

在当今时代,无论是哪个领域,只要具备了100名核心关注者,就能形成一个微型经济圈。假如那些热情的关注者真的能以会费、学费、购买费等形式每月缴纳1万日元,那么只靠这个就能创造每月100万日元的销售额。

如果是个人层面的活动,获得100万日元以上的收入绝不是件困难的事。也就是说,不用非得以1000人、1万人为目标,运营一个小规模的"关注者团体"之类的，不是也能对今后的"工作法设计"有所助益吗？

即使如此，也没必要以追求完美为目标。有些不完美反而更容易吸引关注者们加入这个团体，他们会想"我们自己去支持这个团体"，会觉得"因为有我们，所以这个团体才成立"，于是一开始的不完美就会催生出促进团体发展的积极因素。

对于这种现象，前田裕二先生用"余白"这一说法，解释了从DeNA实现了事业腾飞，发展成为"SHOWROOM"（直播室）这一视频直播网站，成为一个虚拟与实时双向交流空间的事例。

"SHOWROOM"是一个可以观看艺术家、偶像、演员等直播的免费视频网站，任何人都可以在这里随时进行直播。有趣的是，观众可以化身为卡通人物进入网站。

在一般的直播网站上，观众参加互动的方式大多是分享评论等。但在"SHOWROOM"上，观众化身为卡通人物，如同身处真实空间中一般为主播加油助威，并通过"打赏"这种转账功能给直播送各种礼物。

前田把这种商业模式定位为"乡下小酒馆里的空白处"。

到了乡下那些远离繁华街道的地方，几乎一定会存在一眼看过去都不知道是否在营业的不起眼的小酒馆。小酒馆明明是由老板娘在经营，但老板娘十分不靠谱，经常在不知不觉中与客人一起喝得烂醉如泥。

于是，熟客们就会叹一口气说"真是拿她没办法"，然后进入柜台代替老板娘打理事务。如果有不知情的新客人，在看到他们熟练操持酒馆的样子都会以为他们是店主，但当知道他们实际上只是熟客的时候，就会大吃一惊。

老板娘醒酒之后会发现，玻璃杯都洗得好好的，柜台上还放着客人结账的钱。像这样，人们被人与人之间的相互关联形成的有着"空白"的不完美空间所吸引，正是当今这个时代的特点。

不是由供应方凭一己之力完成商务事项，要探讨一下是否也让关注者参与进来。

刨根问底后会看到你不知道的新世界

在今后的时代中,有些乍一看很普通的事经过刨根问底、深入研究之后,你就会看到一个你不知道的新世界。

那么,这里所说的"刨根问底"是什么呢?

比如,如果被派去做复印工作,就不要只是想着单纯完成这一任务就可以了,而是要琢磨如何缩短时间、提高质量。琢磨工作的附加价值,这件事本身就是一种享受。

例如,在复印企划书后订上订书钉时,就要彻底思考一下怎样订比较好。实际上我也尝试了各种各样的方法,后来发现,如果只是在左上角订上一个钉子的话,看资料的人就很容易不自觉地产生一种"未完成""草稿"的印象。因此,他们很可能就会快速浏览一遍就完事了。

与此相比,如果像装订小册子一样,在边上竖着订两个订书钉，那么看资料的人从心理上就会有一种期待。因为这样竖着订两个钉子，人们会产生一种"完工"的印象，于是就容易拿出认真的态度对待资料。

注意到这一点后，我在研讨会等场合给听讲者分发资料时，都会在资料上竖着订两个订书钉。

我说的虽然只是身边复印资料的例子，但不管在什么领域，在那些很多人都觉得"至今还没考虑过"的事上，如果仔细研究的话，其实还是会有很多意外发现。这也经常会与商业新想法的诞生相关联。

比如，有一位一直在优兔（YouTube）上传和菜刀相关的视频的用户，名为"绝对可疑者"。浏览他视频的人数超过了50万，总播放次数超过7000万次。他在最开始引起关注的一条视频是2017年11月上传的名为"在古董店买的生锈菜刀，花费18小时手工磨刀"的视频。如标题所示，这条只是不断打磨生锈菜刀的视频，播放次数超过了1000万次。后来他又不断上传磨刀的视频，或者取材于意大利面、干松鱼、木材等素材的菜刀制作视频，非常有趣，一经上传就会引起大量关注。

事实上，这位用户除了是一位格外热爱工作、年薪超过1000万日元的高薪职场人士之外，还作为一名成功的网络博主获得了不菲的收入。

虽然简单的"磨菜刀""做菜刀"并没有什么特别之处，但正是因为把喜欢的东西研究到其他人做不到的极致,才产生了巨大的价值。

"怎样才能用自己现有的东西引起更多人的兴趣?"

"怎样才能让它变得更好?"

请像这样深入研究一下自己现在拥有的东西吧。

去深究一下那些因为觉得太过理所当然而没做过的事、没想过的事情吧。

心无杂念与纯粹是无敌的

评价个人信用与个人所创造的价值、潜力，这种评价本身就是一种价值，可以产生经济价值。而这个时代就叫作"评价经济"的时代。

例如，可以用VA这一虚拟货币来买卖个人权利的"VALU"，或者连接想要买卖时间的人们的平台，也就是被称为"时间交易所"的"时间银行"。在这些平台中也诞生了新型商业，就是人们可以买卖个人的时间价值和评价，买家买了之后可以行使权力，使这些能力能够用在自己身上。

在那样的时代，产生出强大力量的东西会是什么呢？之前，在大众传媒等领域，从属于有着压倒性知名度并普遍受到好评的组织中，可能会对你的工作起到有利作用。

但是，在今后的评价经济中，一个人的评价会被支持他的关注者数量所左右。

实际上，即使没有社会上的知名度，有支持自己的关注者团体的人，总是会创造出超乎寻常的市值。例如，VALU是个赋予每个人市值的系统。直到2018年6月，居于VALU上首位的是一位人生规划师、经营顾问兼制片人，他的市值总额竟然达到300亿日元以上。

这些人的共同点就是"心无杂念""纯粹"。

他们只是在做自己乐在其中，同时也能带给身边人快乐的事情。他们因此受到了好评，从而也聚集起了包括金钱在内的资源。

我们可以认为，在今后的时代，心无杂念与纯粹的人会得到更高的评价。

实际上，大众媒体的知名人士即使进入这种新经济圈之中，也不会具有像想象中那样高的价格（价值）。比起他们，那些在社会上并不出名，但凭借着自己的心无杂念与纯粹去享受、钻研着自己"喜欢的事"的人会获得更高的评价，这种情况并不少见。

今后，那些每个人都知道的名人并不一定会有很高的价值，反而是成为"我们自己圈子里的名人"，会获得更高的价值。

向支持着自己"喜欢的事"的关注者们心无杂念地、纯粹地提供价值。

| 第 五 章 |

不断改进
工作法设计

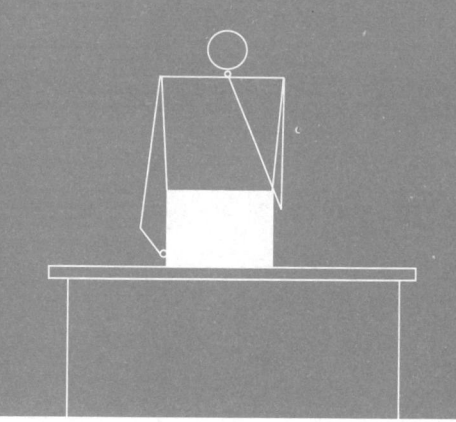

第五章　不断改进工作法设计

83岁仍活跃在一线的程序员——若宫正子

很多人在做一件事的时候会认为"都已经这个岁数了"或"才多大，还年轻着呢"等，把年龄当作"不做"或者"不能做"的理由。

放眼整个社会，不知道为什么大家都在以年龄对别人进行划分，常讨论"现在的二十多岁的年轻人没有野心""五十多岁的人都已经是一些没用的人了"等缺点，否定了他们的可能性。

这种论调并不是现在才有的，而是从很早以前就出现了，每个时代都存在。

确实，在以终身雇用和"年功序列制"作为社会结构、经济体系的时期，这种论调可能在某种程度上是有道理的。但是现在这些制度都已经瓦解了，再以年龄判断事物，我们会觉得非常荒谬。

在大家充分运用自己喜欢的事来进行"工作法设计"的时代，年龄并不是重要的东西，请只把它当成一个记号吧。

比如，有一位"创作者奶奶"叫作若宫正子，现在83岁。她没有被年龄束缚，依然在为大家做着她喜欢的事，我也很喜欢她。

她第一次接触电脑是在60岁，然后从80岁开始学习编程。她设计的"excel艺术"在微软的官方报道上得到了赞扬。

不仅如此，她在TED（英语技术、娱乐、设计的简称，是美国的一家非营利机构）和联合国做的演讲，以及与苹果首席执行官蒂姆·库克的对话等不仅在日本，在世界也引起了关注。最近，她终于开发出了适用于"iPhone"的应用程序。

激励若宫正子一直活跃在第一线的并不是"年龄上的年轻"，而是她具备的"作为一个人的心理上的年轻"，因此她本人并不太喜欢被当作是"会编程的奶奶"。她在某次采访中表示："我只是碰巧有很多想做的事情，想着'要是能这样就好了'。而实现这些想法的途径之一就是编程。"

对这个想法，我真是再赞同不过了。在多大时完成这件事才算厉害、出于什么原因、若这点事都做不好的话是不行的，等等，这些想法本身根本没有什么意义。

比起想来想去，不被年龄所束缚、把"想实现""想试试可能性"的想法付诸实际行动才是有价值的。而且在现在这个时代，只要能像若宫那样下定决心，就能以各种各样的方式学习到新技能。

当然，不同年龄的经验和知识也是存在差异的。但是并不需要消极地看待这些差异，而是积极地去运用它就可以了。年轻人可以不拘泥于经验，大胆地进行思考；而经验丰富的人可以基于自己的经验最快地思考出最佳对策。

而且，这与从业年限或入行先后无关，资历浅的人与资历深的人相互补充、和平相处，能有助于实现各自的梦想，或能共同创造出新的价值就可以。

与对任何事物都以年龄作为衡量标准的人相比，那些不在意年龄，积极进行思考并能够付诸实践的人才能创造价值。在即将到来的时代中，这样的人才能渐渐聚集起周围的人与能量。

年龄只是一个记号。要把"想实现""想试试这种可能性"的想法付诸实际行动。

拿10%进行自我投资

不是因为"这个能赚钱",而是"因为我想做""因为我想贡献力量(想成为有用的人)"。

符合今后时代需求的就是"工作法3.0",这是一种向外的行动原理,而不是向内。为了获得比别人更多的钱,或者为了在竞争中成为赢家,这种向内的行动原理也并非是不能给人以能量,但这种能量说到底也只是一种以自我为中心的"向内"的能量,所以很难与周围步调一致,周围的人也很难感受到你的魅力。

比起这种向内的行动,现在,"想和大家一起享受""想在相互激励的同时去做一件新事情"等向外的行动原理以及由此产生出的能量会让人产生共鸣,并因你的魅力而聚集到一起。

但是令我稍微有点担心的是,在年轻人当中,向内主义的倾向比较明显。在他们身上,"对将来感到不安""不能安定下来的话

第五章 不断改进工作法设计

心里会害怕"等向内因素在起作用,想尽量节约自己的金钱和精力的人不在少数。

并不是说存钱是不可以的,但若仅仅把富余的钱全部存起来,不就只是在努力维持现状而已吗?至少把赚到的钱、富余的时间等资源的10%左右作为"对未来的自己的投资"比较好。

这里说的投资并不是指资产运用,而是对自己学识和经验的投资。在能够提升自己的事物上投资时间和金钱。

正在阅读本书的人,与其说在消磨时间,倒不如说是带着某种目的来买本书,通过阅读本书得到了"自我投资"的学习时间。

除此之外,也有很多可以学习的途径,比如参加学习会、研讨会、网上听课等。在没有网络的时代,外出学习时需要付出交通费、物理时间、体力消耗等,现在几乎是零成本。在免费分享的学习内容中出现没想到会出现的人、有影响力的人等也是常事。

有各种各样的学习机会,如果不利用起来,我觉得有些可惜。

另一方面,分享自己学到的东西、经验和知识的人也在增加。

其实,我与别人对我的印象正好相反,属于比较宅的宅男体质。总的来说,让我自己去主动向别人分享些什么、宣传些什么,这些事我并不擅长。

尽管如此，当别人邀请我去参加研究会和各种各样的团体主办的学习会，以"运用着自己喜欢的事去生活"为目标而与大家一起探讨、一起工作时，我是非常开心的。所以，当我出门参加这些活动时，我也是很开心的，并且这种开心是什么东西都代替不了的。

若说这是我对社会的贡献就有些夸张了。但是我感觉到，将自己得到的东西、学到的东西都反馈、造福于社会也是一种"责任"。

很多人会觉得"像我这样的能行吗"，但是，在这个世界上做着某种工作的我们每一个人，都一定会有"自己想做的事情"和"自己做的有意义的事情"。如果不去做，我觉得就相当于放弃了自己人生的责任。

即使你做的事不是对世界产生影响的大事也没关系。如果你喜欢和人交流，即使只是在当地成立一个团体也是很好的。努力让这个团体得到人们的肯定，觉得"和你聊完之后就又能打起精神来了"。

我认为，即使只向自己的孩子、后辈、朋友等分享那些"自己喜欢的事情"，对他们有所帮助，也是自己尽到了责任的体现。

把通过自我投资获得的知识和经验，以某种形式造福于周围的人。

即将到来的社会,"透明度"高的人会更受欢迎

在即将到来的时代中,你的年龄与你的工作会越来越无关。除此之外,还有一个同等重要的因素,就是"透明度"(transparency)。所谓"透明度",就是指没有暗地里的意图,也没有刻意掩饰自己,而是向别人展示纯粹的自己,也就是真诚的人。

实际上,这样的人是简单、开放的。他们身上闪闪发光,无邪而纯粹。

这一点对自己和周围的人都很重要。之所以这样说,是因为如今是一个一旦撒谎就会立刻被识破的时代。并且,不仅是作为一个人的透明性会受欢迎,那些秉承诚信的事物与服务也将受到好评。

在现代社会,所有人、事物、信息都通过网络联系在了一

起，是个扁平化、开放性的社会。

比如在这个时代中，"维基解密"网站面世，就连机密信息也会被公开，无论什么样的信息都变得越来越透明。因此"谎话"和"不诚实"就是"不透明"的表现，是不真诚的。最后就会导致企业和个人的风评下降。

另外，通过公开信息，也产生了对很多信用、评价的服务。

"美食日志"和"猫途鹰"（关于旅行和酒店的信息）等点评网站就是例子。客人对于服务好坏的点评，以及服务方对于客人评语的回应等信息全部公开，很多人一边参考这些信息，一边衡量、选择服务。

个人也是一样的。比如，像"mercari"这种可以通过智能手机轻松进行物品买卖的自由交易APP。把自己想要卖的东西的照片上传到APP上，就可以进行贩卖了。

商品的信息是否被完全公开、卖家的表现好坏等都会被评价，然后根据评价的高低排行，可以显示出对卖家的信任程度。评价高的卖家，销售额当然也会增加。

同时，买家的表现也会被评价，也就是说作为买家，你的信用度也会被公开，所以评价低的买家就会很难进行交易。

在"lancers"这种为自由职业者与服务寻求方进行匹配服务的网站上，双方的信息都是公开的，可以相互评价。工作质量和表现都很好的人会得到较高的评价，也会使自己的收入提高。

现在的社会，一个人是否"诚心诚意"，已经变得透明化、开放化了，人们会因此受到其他人的评价。

无论是正面信息，还是负面信息，把所有信息都进行公开，透明度高的企业和个人会受到好评，也会因此得到信任。在坦率地展示原原本本的自己的同时，提供高质量服务的真诚态度是非常重要的。

要从一开始就开诚布公地行动。

感动将变成奖励

随着工作法意识的提高,很多人之前的心灵依靠与动力源泉都会发生变化。比起"比其他人优越""名誉""稳定"等,对价值观相同的人们的感谢,以及与那些人一起创造出新价值时的感动会变得更为重要。

反过来说,无论得到多少金钱、地位和名誉,若对自己做的事情没有任何感动,那么内心是不会被打动的。于是,对工作产生"不想做"想法的人也可能会增加。

也就是说,与以前的常识不同,在今后,不被金钱、地位、名誉所动摇的人会越来越多。这样的人,是以什么作为奖励(报酬)来激励自己去努力的呢?

我认为,今后人们从工作中获得的奖励会以"金钱"和"感动"结为一体的形式到来。

第五章 不断改进工作法设计

比如，帮助某些社区中有困扰的人，激励他们打起精神、帮他们找到人生意义等，若能完成这些工作，就可以得到"一个心"的标记（可以代替金钱使用，类似于价值上下浮动的积分）。

这种"心"形标记可以在社区内外购买物品或服务，像真正的钱一样去使用。也可以将积累的"心"作为原始资本去开始新的活动。

"心"和以前的"钱"不同，它一定要有"让别人高兴""能帮助到别人""能打动人心"的特质。无论你多么想用自己的工作和活动创造酬劳，但如果对方感觉不到真正的幸福，或者心没有被打动的话，就得不到"心"形标记，也不会产生价值。只想着赚钱的工作和活动是不能顺利进行的。相反，那些能给人带来很大感动的服务，则可以获得很多"心"。

像这样，通过把"金钱"和"感动"结为一体，之前很难带来金钱回报的"对他人'润物细无声'的贡献""贴近别人心意的行动"等就会以"心"形标记的形式变换为金钱。

这并不是在做梦。

事实上，类似于这样的形式确实产生了，比如一个名为"mint"的APP。为了向支持你的人表示感谢，在该APP上面可以使用APP特制的积分（类似淘宝的淘金币）。每个人都可以把积分分享给自己的关注者和团体的伙伴，通过这种方式向他们表示感谢。另外，得到积分的人可以使用积分购物，或者转赠给自己想感谢的人。

我认为在今后，除了传统意义上以金钱为中心的经济圈之外，这种重视个人幸福感的新经济形式也将会继续产生。

若这样的团体经济圈与其他的团体经济圈产生联动，说得极端一些，它们很可能不使用现有的货币也能够继续存在下去。

越是这样，本书讲到的"个人的价值和信用"，就越会产生比现在更加实际的经济意义。

在接下来的时代中，一个人究竟散发了什么样的能量、是否对周围产生了积极影响，这些事都将变得一目了然，并且最终会作为回报反馈到自己身上。

以前人们总说"无人知处见品德，举头三尺有神明"，这句话终将不会成为一句空话，它会成为真实世界的行为准则。而这个如此有意思的世界，马上就要到来了。

向周围的人传递价值观，并继续为他人做出贡献，就会得到实际的回报。

今后，"生活质量"将受到考验

私人生活与工作的界限消失，无论何时何地、无论做什么，都可以给自己和周围人带来幸福。如果能做到这样，那么"自己的身心都能精神十足地生活"这件事，就会变得比之前更为重要。

身心健康自不必说，如果不能散发积极的能量（现在的自己正感受着喜悦和快乐），那么目前所做的事就无法为自己和周围人带来幸福。

"生活质量"，也就是"QOL"（quality of life）将受到考验。

可能有些人会感到意外，但我听说那个堀江贵文也意识到了生活质量的重要性。比如，堀江贵文在自己牙齿治疗等方面花费了不少时间和成本。

也许有人会觉得"把时间和金钱花在治疗牙齿上太浪费了"，

但事实并非如此。口腔是生命活动所必需的食物和水分的入口，如果牙齿状况不好，那么这个环节产生的影响将会蔓延至全身。此外，它会对你的免疫力及身体状态造成很大的影响，而这些影响会逐渐扩散到你的生活中去。

所以，我在生活中非常重视牙齿健康，并做好日常维护。

我常去看病的牙医中，有一位曾在哈佛大学学习过的牙周病专家，是一位日本女性。我请她帮我做了牙齿的治疗和维护，在这个过程中，我再次认识到了牙齿的重要性。

因为每个月都持续清洗牙齿，所以不仅我的牙周袋变干净了，我还感觉到自己的免疫力提高了，身体也变好了，并且自己的意识和思考也变得更加清晰了。

不仅是牙齿，当身体某个部位明明已经对自己的身心状态产生了不良影响，还以忙碌为借口不去治疗，或者由于疲劳而漠视的话，可能会造成工作和生活上一些重要事项的判断失误。

一直以来的工作法由于过于重视工作，往往会把健康和生活质量放在次要地位。今后，为了提升健康程度和生活质量而去花费时间和成本，会对改善自己的生活方式和工作法有所帮助。

在健康和生活质量的提升上也要投资金钱和时间。

清空自己后，将拥有无限的时间

如果你能保持清空自己身心的状态，就会发生有趣的现象。

当你清空自己之后，将会有更多机会去感受从未有过的"时间的充实"。虽然这听起来有些夸张，但确实是真的，并且你甚至会觉得"时间是无限的"。

因为这时，你的思考不再迷惘，也不会做没用的事情，能在瞬间判断出"做"还是"不做"，并尽全力去做应该做的事情，浪费的时间就会减到最少。

如果身心状态不稳定，心思就会分散到"这个也要做、那个也要做"上去，精力也会被分散。于是应该做的事情就总是做不完，自己也变得越来越焦虑，到最后，时间也变得不够用了。

但如果只关注真正重要的、真正喜欢的事情，就会像用放大镜将阳光集中在一点上一样，产生出使纸张燃烧的巨大能量。

如果处于清空身心、精力集中的状态,那么就能顺畅度过这段时间,以充沛的精力顺利推进所有事情,达到无论做什么都很顺利的状态。

回顾一下我的自身经历也会发现,我能够顺利推进事物时,就是处于身心被清空、不做没用的事的状态中。虽然没有做特别的努力,但一切还是进行得很顺利。而且因为我顺其自然、不强求什么,所以也没有什么压力。

为了进入这一状态,就要像我之前多次说过那样,让自己得到充分休息。

在进行"工作法设计"的时候也是如此,清空自己之后再去思考,就会浮现出很多好的点子。请认真地直面自己的内心,然后去进行切合实际、操作性强的"工作法设计"吧。

要努力抽出一段时间去清空自己的身心。

清除多余信息，让大脑"留白"

现在的世界中充满了信息。对于这样的状态，我们的意识可能已经到了麻痹的程度，并不会感到有什么不妥。

影像、声音等信息每时每刻都在不断输入大脑之中。于是大脑在处理这些信息时就会承担巨大的负荷，再没有精力去进行创造性的活动了。也就是说，大脑已经处于疲劳状态了。

正因如此，还是有意识地抽出时间去"清除多余信息"比较好。清除了多余信息，大脑就会产生"留白"，自己也会拥有充裕的时间。正因为有了"留白"，才能从容面对新事物。

特别是使用手机和电脑等电子设备时，因为置身于数码环境中，为了在每个瞬间都做出判断和反应，就要持续地刺激大脑。这样一来，就很难踏踏实实地去尝试新的事物，很难集中精力做某件事。

有种说法认为：现在的人们，是不是不能像过去那样集中精力了？其实我有时候也能感觉到这一点。

某个电视节目曾播出过传奇政治家田中角荣的特辑，里面有一个场景是他在街头做演讲，时间应该是70年代前后吧。只见无数听众聚集在周围听他演讲，完全不见他们吵闹。所有人都一动不动，聚精会神地聆听着田中角荣的演讲。这个场景实在令人震撼，他们真正进入全神贯注的状态。

当然，田中角荣本身的存在感相当强大，演讲也非常吸引人。但除去这些因素，若是换作现代人，我很想知道大家是否还能把精力集中到像当时那些听众那样呢？

如果是在现代，恐怕大多数人会在听演讲时，一边摆弄手机，一边和周围的人交谈吧。

也就是说，现在是一个很难集中精力的时代，我们身边有着太多分散注意力的东西。因此，比起以前的人，我们的注意力本身就有所下降。正因如此，请有意识地创造远离手机和电脑的"信息排毒"的时间。

有意识地养成清空多余信息、减少浪费时间的习惯后，你的意识和思考就会变得清晰，就能够集中在真正应该集中的东西上了。

现在，越来越多的人开始对正念和冥想等产生兴趣与关注，并把它们纳入自己的生活中。

象棋棋手羽生善治先生，是历史上首次获得永世七冠王并获得国民荣誉奖的第一人。他认为，现代人已经处于"信息过剩"的状态。"信息可以无限收集，但是如果自己无法消化，这些信息就会变成营养过剩的赘肉，极有可能妨碍自己的判断和行为。"

持续获取信息会引起消化不良，既无法充分利用信息，也无法进行思考。在如今的时代中，这种危险无处不在。

所以，要有意识地阻隔信息，从信息爆炸的疲劳中摆脱出来，始终保持清空自己之后的"留白"状态。

每天都要有意识地创造"信息排毒"的时间。

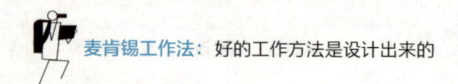

结语
无法享受一切的人，也无法享受自己喜欢的事

如何享受自己的人生和自己的工作法呢？

每当思考这个问题时，我总会想起在麦肯锡公司时，一位前辈对我说过的话："无法承受讨厌的事的人，也无法坚持自己喜欢的事。"

虽然他是无意中说出这句话，但我记得自己当时有种恍然大悟的感觉。

麦肯锡人对于任何工作都以自己为标准，会运用自己独有的做法和想法，创造自己独有的价值。这对于他们来说是件理所当然的事。

但虽说如此，他们面对的却不只是那些顺利的事。他们也会遇到不得不去做"不擅长的事""讨厌的事"的时候，也会有明明在做自己喜欢的事，却总是遇到障碍的时候。

无论怎样去进行"工作法设计"，也一定会遇到上述这些情形。这时，如果因为"无法承受讨厌的事"而立刻放弃，到头来也就无法坚持自己喜欢的事了。我想，这就是前辈教给我的道理。

遇到了不喜欢的事，就会容易觉得是不是自己无法胜任、自己能力不够等。但事实并非如此。

眼前发生的不喜欢的事，和自己本身拥有的才能、技能、喜欢的事、想做的事，本质上是没有关系的。

在进行"工作法设计"的过程中，如果出现了消极情况，请在过后把它当成一个插曲，想着"这种事也是有的"吧。

当然，即使这样开解自己，现实也不会改变。但即使如此，对于那些自己真正喜欢、真正想去研究的事，那些不是被别人命令，而是出自真心想做的事，就什么都不要在意，继续做下去吧。即使是"不喜欢的事"，也试着去享受吧。

通过这样做，"不喜欢的事"就会渐渐变成"擅长的事"，你将在那件事中发现乐趣。真正的"喜欢"，正是躲在那些"不喜欢的事"身后等待着你。

"将喜欢的事情作为工作。"

"以自己喜欢的事为中心，战略性地设计工作法。"

这种"工作法设计"，是从"现在、马上"开始，一点点去实现想做的事情。即使是不喜欢的事，也把它变成喜欢的事。

然后用笑容去迎接自己喜欢的事，与喜欢的同伴们一起为了喜欢的客户而工作。于是，自己在工作中会变得越来越开心，工作也会变得越来越游刃有余。再然后，你就会产生有划时代意义的创意，自己想做的事会得到进一步拓展。

如此一来，自己的一席之地会越来越宽广。